Qu'avez-vous fait de Jésus ?

Christine Pedotti

Qu'avez-vous fait de Jésus ?

Albin Michel

Pour écrire à l'auteur :
c.pedotti@gmail.com

« La vérité vous rendra libres. »

Jean 8, 32

Messieurs les responsables de l'Église catholique,

Vous penserez que j'ai écrit sous le coup de la colère, et vous aurez raison. Mais si ma colère s'adresse à vous, elle n'est pas contre vous, du moins pas contre vos personnes. Je connais nombre d'entre vous, nous nous sommes croisés, parlé. Je crois même être l'amie de certains d'entre vous. Il est terrible d'observer que les meilleurs des hommes se retrouvent ainsi broyés, muselés, paralysés. Ma colère est contre ce système qui étouffe le meilleur de vous-mêmes.

Depuis longtemps, nous en observions les dysfonctionnements, mais cette fois, il a atteint sa limite extrême en devenant criminel, ou plus exactement complice de crimes odieux à l'égard de ceux qui sont notre bien le plus précieux, notre avenir : nos enfants.

Pour pouvoir dire « plus jamais ça », il faut comprendre ce qui l'a permis et il faut en extirper les racines. C'est un immense travail, une conversion déchirante. Je comprends le désarroi qui vous étreint car c'est dans cette Église que vous vous êtes sentis appelés à donner votre vie. Mais, Messieurs, on ne peut pas « aimer l'Église » en projetant sur elle un idéal qui n'aurait plus que des liens très lointains avec la pratique. L'Église n'est pas une construction théorique, elle est une réalité. Que se passe-t-il quand cette réalité éloigne de Dieu, blesse les enfants et scandalise nos sociétés ?

Sans doute mes mots vous sembleront-ils durs. Ils sont à la mesure du désastre moral qui nous frappe. Aujourd'hui sans doute vous sentez-vous très seuls face à une telle catastrophe. Mais cette solitude fait partie des logiques perverses du système. Il est temps de la rompre pour revenir à la fraternité originelle que Jésus lui-même a fondée.

1.

De la crise

> « Laissez les petits enfants et ne les empêchez pas de venir à moi ; car c'est à leurs pareils qu'appartient le Royaume des Cieux. »
>
> Évangile de Matthieu, 19,14

« Laissez venir à moi les petits enfants. » À une époque qui comptait les enfants pour peu de chose, Jésus, par ces mots simples et bienveillants, rompait avec les usages de son temps. Il reconnaissait les enfants comme des personnes dignes d'être accueillies, et leur donnait même la première place : nul ne peut entrer dans le Royaume, disait-il, s'il ne se fait pas « comme eux ». Cette valorisation de l'enfant dans sa simplicité, sa fragilité, sa capacité d'amour, est l'un des thèmes qui ont rendu unique et universel le message de l'Évangile.

Or ces mots sonnent désormais comme une condamnation, ils évoquent le spectre de la perversion des abuseurs et l'horreur du système qui les a protégés. Comment cette parole de Jésus a-t-elle pu devenir objet de scandale au point qu'aujourd'hui un prêtre ne peut plus les employer sans être soupçonné de provocation ou de cynisme, et susciter ricanements ou colère ? S'il fallait se convaincre de la gravité de la crise que traverse l'Église catholique, cette simple observation serait décisive.

Comment en est-on arrivé là ? Qu'avez-vous donc fait de Jésus, Messieurs les responsables de la maison « Église catholique », de cette institution dont la seule raison d'être est de précisément rendre témoignage à cet homme que les chrétiens appellent Christ et Seigneur ? N'avez-vous pas l'impression d'être devenus aujourd'hui des témoins à charge ? Vous aurez beau clamer que la pédocriminalité ne concerne qu'une infime minorité de prêtres, qu'elle n'est pas une exclusivité de l'Église catholique et qu'elle touche d'autres institutions, d'autres milieux, comme l'école ou le monde du sport, rien n'y fait. Une fois la confiance trahie – et celle dont vous bénéficiiez n'était pas ordinaire – le soupçon est là, comme un poison qui envahit le corps tout entier. Soupçon sur les prêtres, soupçon sur les évêques qui n'ont pas pris la mesure des crimes, soupçon sur l'institution qui a préféré cacher, ignorer, et ce, encore aujourd'hui, alors que l'affaire est devenue un immense scandale mondial, reconnu comme tel par le pape lui-même.

Soupçon, scandale, les mots sont terribles, et ceux dont le rôle, la mission, devrait être de faire la vérité, continuent à se réfugier dans le déni et le silence… comme s'il suffisait d'attendre que la tornade s'éloigne et que la poussière retombe.

Messieurs les responsables de l'institution « Église catholique », est-il possible que vous ne vous en rendiez pas compte ? Croyez-vous sincèrement que ce n'est qu'un mauvais moment à passer et que tout redeviendra comme avant ? Vous êtes la caricature des petits singes de la sagesse orientale, celui qui se cache les yeux pour ne pas voir le mal, celui qui se bouche les oreilles pour ne pas l'entendre et celui qui se cache la bouche pour ne pas le répandre. Vous avez fermé les yeux sur le mal qui était fait aux enfants, vous vous êtes bouché les oreilles pour n'entendre ni les questions de plus en plus insistantes des familles ni la souffrance terrible des victimes, vous vous êtes tus et n'avez pas dénoncé les coupables.

La question qui se pose, qui s'impose à tous les non-chrétiens, à tous les catholiques laïcs abasourdis, à tous les prêtres, religieux et religieuses de la base qui se sentent injustement salis est celle-ci : mais pourquoi donc vous comportez-vous ainsi ? Pourtant, on ne peut pas dire que vous soyez de mauvaises personnes – au contraire. Quand vous avez choisi la voie du sacerdoce en répondant à ce que vous appelez « vocation », quand vous êtes devenus prêtres, vous ne cherchiez ni la gloire ni les honneurs. Vous aviez un idéal, vous vouliez être des serviteurs, pas des maîtres. Votre modèle était Jésus, un homme simple à la parole bouleversante, un homme qui savait se pencher sur les petits, les sans-grades, qui redressait les courbés, donnait la parole aux muets, un ami des pauvres, des femmes, des enfants, un homme doux avec les faibles, dur avec les forts. Vous avez choisi d'être les disciples d'un maître serviteur et non d'un roi puissant. Alors, devant l'ampleur du désastre, on ne peut que vous redemander : qu'avez-vous fait de lui ?

Si vous n'êtes pas de mauvaises personnes – ce que je crois –, comment se fait-il que non seulement vous n'ayez pas fait le bien que vous pouviez faire, mais pire, que vous ayez laissé prospérer le mal ? Au-delà des personnes, il faut interroger la structure même qui vous a mis dans cette situation. Cette structure dirigeante, organisée de façon pyramidale, hiérarchique, au sens le plus étymologique du mot, puisqu'elle exerce le pouvoir au nom du sacré, est ce que nous appelons à tort « l'Église ». À tort, parce que l'Église, originellement et fondamentalement, n'est pas la structure dirigeante mais l'*ecclesia*, c'est-à-dire la totalité de ceux et celles qui répondent à l'appel, à la convocation de Jésus Christ. Qu'y a-t-il donc dans cette « Église » – la construction hiérarchique – qui conduise à ces terribles dérives ? Qu'est-ce qui vous empêche de faire la vérité, de vouloir la transparence ? Pourquoi êtes-vous incapables de réelle compassion à l'égard des victimes ?

Vous me trouvez rude ?

Mais que peut-on penser quand un cardinal romain invoque son immunité diplomatique pour refuser de venir devant la justice française expliquer ce qui s'est passé à propos de l'accusation de non-dénonciation par le cardinal Barbarin des actes criminels du prêtre Preynat ? D'un côté, le pape dénonce la culture du silence, l'entre-soi clérical qui donne un sentiment d'impunité, et de l'autre, le Vatican accorde à l'un de ses ressortissants le privilège de ne pas répondre à une demande de la justice civile. Il est tout à fait probable que la réponse du Vatican soit légale, mais comprenez bien que pour tous les citoyens et pour nombre de catholiques, elle n'est ni juste ni légitime, et elle renforce le sentiment que la volonté de transparence n'est toujours pas au rendez-vous.

Que peut-on penser quand un prêtre, chancelier du diocèse de Strasbourg, énonce avec une « innocence » désarmante qu'on ne savait pas jusqu'à récemment que les agressions sexuelles sur mineurs laissaient des traces indélébiles dans le psychisme des victime – « On pensait que, pour l'enfant, ce serait un mauvais souvenir et qu'il allait s'en remettre. Maintenant on a compris, à la lumière des gens qui ont soixante-quinze ans et qui se souviennent encore dans leur chair de ce qu'ils ont vécu à quinze ans. Il fallait en prendre conscience[1] » ? Ces propos ont provoqué un tollé, à raison, mais le prêtre ne faisait que rapporter un état d'esprit qui était la règle jusqu'à une époque récente. Il rejoint les déclarations publiques de nombreux évêques qui, comme lui, disent qu'ils

1. Propos de Bernard Xibaud, émission C Politique, 22 septembre 2018.

« ne savaient pas à quel point c'était grave », qu'ils « ne se rendaient pas compte »...

Messieurs les responsables catholiques, vous qui êtes si prompts à faire la leçon à vos ouailles et au monde entier, à parler d'éthique, à multiplier les anathèmes sur telle ou telle pratique sociétale, vous souvenez-vous des paroles de Jésus ? « Ils disent et ne font pas. Ils lient de pesants fardeaux et les imposent aux épaules des gens, mais eux-mêmes se refusent à les remuer du doigt. » Alors, Messieurs, de quoi au juste ne vous rendiez-vous pas compte ? Que croyez-vous qu'il se passe quand un enfant de onze ou douze ans se retrouve face au sexe, aux fantasmes et aux pulsions d'un homme adulte ? Sa propre sexualité n'est pas du tout installée. Il ne sait pas encore identifier ses désirs. Prépubère ou tout juste pubère, il découvre avec étonnement et inquiétude sa propre fonctionnalité génitale. Il était un petit garçon, il est en train de devenir un homme, lentement, à son rythme. Et un homme adulte débarque dans ce lent processus. Il impose des images, des odeurs, des caresses à un corps et à un psychisme qui ne sont pas capables de les comprendre. Alors non, pour l'enfant, ce n'est pas « un mauvais souvenir ». Par malheur, ce n'est parfois pas même un souvenir au sens où il appartiendrait à la mémoire active et consciente ; il devient une chose repoussée, repoussante, enfouie, oubliée. Mais la blessure, l'effraction psychique et physique demeurent. Elles ne se referment pas et elles répandent leur poison dans la vie affective et sexuelle de celui qui a subi l'agression.

J'entends les mots de cet homme de soixante-douze ans qui m'explique que le souvenir conscient des abus dont il a été l'objet enfant, dans une maison religieuse, lui est revenu des décennies plus tard à la suite d'un accident vasculaire cérébral. Au sortir du coma, il se souvient… de tout, les noms, les images, les gestes. Et soudain, tout s'éclaire, ce malheur, ce malaise qui l'a hanté sa vie entière, qui lui a au sens propre fait se taper la tête contre les murs, dit-il, ce malaise a soudain un nom, une cause.

La réparation sera longue mais désormais, il peut formuler ce qui lui est arrivé. Il peut circonscrire sa douleur, identifier son origine. Il sait qu'il n'en est pas coupable mais victime. Vous direz que c'est un cas extrême, rare. Pourtant, c'est par dizaines que de tels récits nous sont arrivés au courrier de *Témoignage chrétien*, lorsque nous avons lancé un appel pour qu'une commission d'enquête parlementaire examine la façon dont les abus sexuels ont été reconnus et traités dans l'Église catholique.

Le pape Paul VI prétendait l'Église « experte en humanité », et vous, Messieurs les responsables de cette Église, vous n'avez rien vu ? Quelle part d'humanité avez-vous perdue pour être dans cet aveuglement ? Ne vous souvenez-vous pas de celui qui a dit : « Malheur à vous, guides aveugles, qui arrêtez au filtre le moustique et engloutissez le chameau » ?

Vous direz pour votre défense que les années soixante-dix ont montré dans les sociétés occidentales une bienveillance à l'égard de la sexualité en général et de la « pédophilie » en particulier, que d'autres ont à cette époque justifié ouvertement l'abolition de la différence des sexes et des générations… Holà, Messieurs, auriez-vous été en quelque sorte victimes de l'air du temps ? Allons bon. Vous faites ordinairement profession de vous situer dans la perspective de l'éternité et l'humeur de quelques intellectuels et psychiatres plus ou moins médiatiques aurait influencé votre conscience ? Soyons sérieux. De nombreux cas sont bien antérieurs à cette « révolution sexuelle » que vous montrez volontiers du doigt. Quand on a soixante-douze ans et qu'on parle de faits vieux de soixante ans, on les situe à la fin des années cinquante, en plein règne du conservateur Pie XII. Les abuseurs eux-mêmes ont alors été formés avant la guerre ou dans l'immédiat après-guerre. Oserez-vous dire qu'ils furent contaminés par un prétendu laxisme moral lié au Concile de Vatican II ou à la révolution des mœurs qui a suivi 1968 ?

Non, la véritable cause de votre incapacité

à voir la gravité de ce qui est en jeu tient à votre compréhension – peut-être devrais-je dire incompréhension – de la sexualité humaine.

2.

De la sexualité

> Dieu créa l'homme à son image,
> à l'image de Dieu il le créa,
> homme et femme il les créa.
> Dieu les bénit et leur dit :
> Soyez féconds, multipliez,
> emplissez la terre.
>
> Genèse 1, 27-28

Messieurs les responsables de l'institution catholique, examinons donc votre discours sur « la chose ». Votre postulat de base est que la sexualité, selon l'ordre divin, a une finalité principalement reproductive : « Croissez et multipliez. » À partir de là et en vous appuyant sur de savantes exégèses des textes sacrés transformées en constructions dogmatiques non moins savantes, vous limitez l'exercice de la sexualité à celle d'un couple hétérosexuel, légitimement marié, dans un unique et indissoluble mariage – c'est-à-dire sans que l'un des époux ait déjà été marié et soit divorcé – et exerçant sa sexualité selon un mode « ouvert à la procréation ». En clair, sans utiliser aucun moyen contraceptif – pilule, stérilet, diaphragme, préservatifs. La seule contraception permise est l'abstinence pendant les périodes de fécondité. Il va sans dire que même dans ce cadre, toute activité sexuelle ne conduisant pas à une étreinte classique – pénis/vagin et éjaculation – est considérée pour le moins comme de la « masturbation conjugale » et à ce titre condamnée. Pour être précis, pas de fellation, pas de « retrait », moins encore évidemment de sodomie. Les manuels de maintien conjugal catholiques récents autorisent cependant les « préliminaires », au motif que la femme doit, elle aussi, éprouver sinon, du plaisir (le mot est presque proscrit), du moins de l'agrément à la pratique sexuelle conjugale.

Telle est la vision catholique d'une conjugalité marquée par ce que vous nommez la « chasteté », laquelle ne signifie pas la continence – du moins pour les époux légitimes – mais encadre très sévèrement l'exercice de la sexualité. Le reste, tout le reste, appartient au registre de la luxure, l'un des sept péchés capitaux : « La luxure est un désir désordonné ou une jouissance déréglée du plaisir vénérien. Le plaisir sexuel est moralement désordonné, quand il est recherché pour lui-même, isolé des finalités de procréation et d'union[1].» Si tout plaisir n'est pas péché, il reste que tout plaisir pris ou donné qui ne serait pas comme vous dites « ordonné » à la procréation est fautif.

Lorsque le cadre est si étroit, il est patent que la pratique réelle, même celle des fidèles les plus assidus, déborde. Mais comme la morale catholique n'admet pas de principe de gradualité, elle confond tout ce qui déborde sous le terme générique de « péché ». On considère donc comme « péché de la chair » : la masturbation, les actes sexuels qui ne

1. Catéchisme de l'Église catholique § 2351.

conduisent pas à la possibilité de la conception, que ce soit le coït conjugal sous contraceptif, les jeux érotiques divers, ou les actes homosexuels, les actes sexuels hors mariage (fornication) et l'adultère, bien sûr. Bref, rien hors du mariage, et donc pas de sexe pour les célibataires, qu'ils soient prêtres, religieux, religieuses, ou simplement… célibataires, hommes ou femmes.

La conséquence de ce grand système de prohibition généralisée du sexe, c'est qu'on ne fait pas la différence entre une masturbation, une relation extraconjugale et des attouchements sur mineurs. Tout ça, c'est du péché, du péché de chair.

La notion de consentement, qui est aujourd'hui le principal critère de jugement des actes sexuels dans nos sociétés, n'est strictement pas présente dans le Catéchisme de l'Église catholique. Lorsqu'on fait une recherche quantitative, on constate que l'essentiel des occurrences du mot concerne le consentement des époux lors du mariage. L'Église identifie bien le défaut de consentement dans le viol, mais le met sous le même toit que les « offenses à la chasteté ». Il y apparaît avec la masturbation, la fornication, la pornographie et la prostitution.

La conséquence de tout cela est une vision de la sexualité qui a fort peu à voir avec l'univers mental et les pratiques contemporaines dans lesquelles le premier élément est précisément le consentement. L'expression consacrée est même « entre adultes consentants ». Tout est possible, dès lors que les partenaires sont adultes, c'est-à-dire disposant de leur libre arbitre, et consentants, c'est-à-dire sans emprise ou contrainte aucune, qu'elle soit physique ou psychique.

Cet aspect concerne le jugement légal de la sexualité, son jugement moral quant à lui repose sur la notion de contrat et de parole donnée. Sont donc généralement considérés comme immoraux l'adultère ou la « double vie » dans la mesure où l'une des parties est lésée par le manque de parole de l'autre. Ce qui est considéré dans notre société comme un vice dans la relation, c'est le mensonge, non pas l'acte en soi. À preuve, des exceptions au principe de fidélité peuvent être envisagées dès lors que le partenaire a donné son plein accord. Une femme pourrait ainsi avoir un compagnon et un amant sans que la chose soit considérée comme immorale, si les deux hommes sont parfaitement au courant de la situation et l'acceptent. De même, la séparation de deux personnes est considérée aujourd'hui comme « morale » ou « normale », dans la mesure où elles font le constat qu'elles ne peuvent plus tenir leur parole à propos de l'amour et de la fidélité auxquels elles s'étaient engagées. Les sociologues identifient cette modification dans le jugement qui est porté sur les actes sexuels comme l'avènement d'une « démocratie intime ». Ce qui importe, c'est la relation interpersonnelle et non le respect des normes extérieures : la personne prime sur le concept.

Dans ce contexte, la « chasteté » que vous prônez, Messieurs, est une notion totalement abstraite, et l'offense à la chasteté plus encore. Le malentendu sur la sexualité est total puisque nos sociétés s'inquiètent de la relation entre les partenaires, consentement et parole donnée, et que votre système de valeurs repose sur des concepts, de grands mots qui, détachés de la vie réelle des êtres, perdent toute pertinence : chasteté, justice, charité…

C'est particulièrement évident dans le paragraphe qui concerne le viol. Puisque vous avez fait du Catéchisme vos Tables de la Loi, qu'y dites-vous ? « Le viol désigne l'entrée par effraction, avec violence, dans l'intimité sexuelle d'une personne. Il est atteinte à la justice et à la charité. Le viol blesse profondément le droit de chacun au respect, à la liberté, à l'intégrité physique et morale. Il crée un préjudice grave, qui peut marquer la victime sa vie durant. Il est toujours un acte intrinsèquement mauvais. Plus grave encore est le viol commis de la part des parents (cf. inceste) ou d'éducateurs envers les enfants qui leur sont confiés[1]. » Ainsi, selon vous, le viol est d'abord « atteinte à la justice et à la charité », énoncé *premier*, qu'il « blesse le droit de chacun », énoncé *second*. Il n'est mentionné qu'en *troisième*

1. Catéchisme de l'Église catholique, § 2356.

lieu qu'il « peut marquer la victime pendant toute sa vie ». Le terme « peut » énonce une possibilité, une occurrence, « il arrive que... » Dans votre hiérarchie des normes, la blessure des victimes vient en troisième position sous la forme d'une possibilité. Dans le monde « ordinaire », le viol est un crime parce qu'il porte atteinte à une personne, une vraie personne de chair, de sang et d'âme, pas à un concept, ni même au droit de la personne. Non, il atteint son être même, sa chair !

C'est quand même incroyable que vous soyez les responsables d'une religion dite « de l'Incarnation » et que vous défendiez les concepts avant les personnes. C'est d'autant plus incroyable que vous êtes censés suivre la voie d'un certain Jésus, dont la caractéristique est précisément de s'intéresser aux gens, à leur vie, à leurs histoires, à leurs blessures avant de s'inquiéter de ce que dit la loi religieuse ou les grands principes de la morale de son temps. Il guérit pendant le sabbat, se laisse approcher par les lépreux, se laisse toucher par une femme en situation d'impureté rituelle parce qu'elle a des pertes de sang, permet à une femme de mauvaise réputation de répandre du parfum sur ses pieds.... En son temps, Jésus fait scandale parce qu'il fait passer la vie avant la loi. Qu'avez-vous fait de lui ?

D'ailleurs, au sujet de la sexualité, sur laquelle vous êtes si bavards, sur laquelle vous savez si bien ce que Dieu veut, ce qui est bien et ce qui est mal, dans les moindres détails, Jésus, lui, est étonnamment sobre. Il n'en parle que deux ou trois fois, alors qu'à vous écouter on dirait que c'est là une thématique essentielle du christianisme. Certes, on retrouve dans sa bouche la condamnation de l'adultère, qui est l'un des commandements de la loi de Moïse. Mais pour lui, il s'agit d'abord de la concupiscence des hommes et de leur regard prédateur sur les femmes : « Moi je vous dis : Quiconque regarde une femme avec convoitise a déjà, dans son cœur, commis l'adultère avec elle. » Il y a là, avouez-le, une singulière modernité que ne désavoueraient pas les récentes luttes des femmes. Et lorsque l'on jette une femme surprise en flagrant délit d'adultère à ses pieds, il confond ses accusateurs et la relève sans la condamner. Pour le reste, la question de la sexualité est absente de l'Évangile.

Et vous, Messieurs les responsables de l'Église catholique, vous jugez, vous condamnez, vous semblez savoir le droit, le juste, le bien… mieux que Jésus lui-même. En revanche, vous ne « saviez pas », dites-vous, vous ne saviez pas les conséquences de l'agression sexuelle d'un adulte sur un enfant. Beaucoup se scandalisent de cet aveu et pensent que vous mentez pour atténuer votre responsabilité. Eh bien moi, je vous crois. Vous ne saviez pas et vous ne savez toujours pas parce que, en matière sexuelle du moins, vous ne faites pas de différence entre le péché et le crime.

Écoutez ce que le pape Benoît XVI disait aux catholiques d'Irlande en 2010, après que les immenses scandales de « pédophilie » et de maltraitance d'enfants ont été dévoilés, écoutez-le lorsqu'il s'adresse « aux prêtres et religieux qui ont abusé des enfants » : « Ceux d'entre vous qui sont prêtres ont violé la sainteté du sacrement de l'ordre sacré, dans lequel le Christ se rend présent en nous et dans nos actions. En même temps que le dommage immense causé aux victimes, un grand dommage a été perpétré contre l'Église et la perception publique du sacerdoce et de la vie religieuse. Je vous exhorte à examiner votre conscience, à assumer la responsabilité des péchés que vous avez commis et à exprimer avec humilité votre regret. Le repentir sincère ouvre la porte au pardon de Dieu et à la grâce du véritable rachat[1]. »

Nul ne peut soupçonner le pape Benoît XVI d'une quelconque bienveillance à l'égard de ces abus. Il s'y est attaqué autant qu'il a pu sous le pontificat de Jean Paul II et a pris des décisions importantes pour faire cesser les abus dès après son élection. Et pourtant, les mots qu'il emploie ici en tant que pape sont terribles. Lorsqu'il prononce le mot viol, il ne désigne pas l'atteinte aux enfants, mais « la sainteté du sacrement de l'ordre »,

1. Benoît XVI, Lettre aux catholiques d'Irlande, 19 mars 2010.

et ensuite, ensuite seulement, il est question de péché et de repentir sincère afin d'obtenir le pardon de Dieu. Ces mots du pape Benoît sont la triste et parfaite illustration de cette confusion morale et mentale qui vous fait fixer votre attention sur le péché, et non sur le crime. En effet, la théologie classique énonce bien que le péché n'est pas une faute commise contre autrui mais contre Dieu. Le péché rompt la relation de l'être humain avec Dieu. Et vous, vous considérez que vous êtes d'abord les défenseurs de Dieu. Pourtant, il me semble que l'Évangile est sur ce sujet d'une extrême clarté. Jésus interrogé sur le point de savoir quel est le plus grand des commandements répond : « Tu aimeras le Seigneur ton Dieu de tout ton cœur, de toute ton âme, de tout ton esprit. » Mais il ajoute immédiatement : « Et voici le second qui lui est semblable, tu aimeras ton prochain comme toi-même. » C'est ce qui fait toute la nouveauté du christianisme, Dieu et « mon prochain », c'est-à-dire l'autre être humain, sont mis sur le même plan. Jésus dira aussi : « Ce que vous avez fait à l'un de ces petits qui sont les miens, c'est à moi que vous l'avez fait. » Mais vous, vous continuez à mettre Dieu d'abord, comme si l'« honneur de Dieu » valait plus que la blessure des petits. Messieurs, il est plus que temps que vous posiez un peu le Catéchisme et que vous vous remettiez à lire l'Évangile.

3.

Du péché et du crime

> « Rendez à César ce qui est à César
> et à Dieu ce qui est à Dieu. »
>
> Évangile de Matthieu 22, 21

Hélas, Messieurs, là est la source de bien des maux, la confusion du péché et du crime.

Selon vos normes, en matière de sexualité, le péché est une notion très extensive qui vise jusque dans le détail la plupart des actes sexuels. Les sociétés modernes comme les nôtres, libérales en ce qui concerne les mœurs, ne prennent en considération que la liberté et le consentement des individus. À ce titre, elles protègent les mineurs des atteintes des majeurs, en particulier des majeurs ayant autorité sur ces mineurs, au motif que le consentement ne peut être établi du fait de la minorité. La loi protège les faibles contre les forts, c'est tout simple. Celui qui ne respecte pas la loi est un délinquant, il est reconnu par la justice coupable de crime ou de délit, selon la gravité des faits, et subit une peine. Dans le cas des délinquants sexuels, le risque de récidive étant particulièrement élevé, il est courant que des mesures de suivi et de soin soient demandées.

L'action de justice est double. En reconnaissant le crime et en condamnant le criminel, elle rend justice à la victime qu'elle reconnaît comme telle et elle met un terme à l'activité criminelle par une mesure d'emprisonnement. Elle a aussi le souci de la récidive afin de, toujours, protéger les plus faibles.

Vous, vous regardez les choses en termes de péché, et dans la forme que j'ai exposée plus haut : non pas une chose que l'on commet contre une personne, non pas d'abord une atteinte à la relation humaine, mais l'atteinte à une idée, en l'occurrence, dans le cas de « pédophilie », un péché contre la chasteté. Comme vous pensez d'une manière abstraite en termes de péché, votre premier souci est la rédemption du coupable, avant la reconnaissance et la réparation du malheur qu'il a causé. L'essentiel se passe dans les hautes sphères du sentiment religieux, pas au niveau ordinairement humain de l'être meurtri, dont vous ne savez que faire. C'est que dans l'ordre religieux vous êtes à votre aise, le péché et sa rémission, vous connaissez, vous savez quoi faire. C'est, si j'ose dire, votre cœur de métier. Voilà pourquoi la première chose – et la seule – que vous proposez aux criminels et délinquants, est la prière et la pénitence... comme si c'était un remède ! Un remède au péché, peut-être ; mais pas un remède contre le crime. Devant un crime, la première chose à faire n'est pas de demander au coupable de prier et de se repentir, mais de le présenter à la justice des hommes, et de prendre soin des victimes.

Mais le pire, justement, c'est ce que vous proposez aux victimes. Au lieu de chercher comment réparer, et même – le mot n'est pas honteux – comment dédommager autant que faire se peut, vous leur demandez… de prier pour pouvoir pardonner !

J'exagère, dites-vous ? Je caricature, je force le trait ? Mais c'est pourtant ce qui s'est passé par exemple dans le diocèse de Lyon où une victime du prêtre Preynat est invitée à prier avec son agresseur auquel elle est confrontée. Cette scène stupéfiante se déroule des années après les faits. La victime est adulte, le prêtre un vieil homme. Une logique terrible est à l'œuvre, celle du péché et du pardon dont on espère qu'elle va permettre d'éviter de passer par la case justice, d'éviter l'enquête et le procès. Comme si le pardon pouvait suffire, comme s'il allait éviter de faire la lumière.

Dans l'affaire de Lyon, le cardinal Decourtray au moment de la première révélation des agissements de Preynat avait eu ce commentaire devant les parents : « Il y a du "diabolique" dans cette affaire et le "coupable" n'est qu'une victime que je vais tenter de libérer. » Aujourd'hui on est glacé devant cette déclaration. Quelle confusion mentale ! Quel aveuglement ! Ainsi, le coupable est une victime, une victime du diable qu'il faudrait libérer ! Et les victimes, les vraies victimes, les jeunes garçons qui ont été les proies de ce prêtre, que doivent-ils faire ? Prier pour le salut de leur agresseur ? On est d'autant plus sidéré d'une telle indécence de la part du cardinal, l'un des vôtres, parmi les meilleurs à ce que l'on dit qu'il fut un fervent acteur du dialogue interreligieux. Il est celui qui a travaillé assidûment avec ses amis juifs pour mettre fin au scandale du carmel d'Auschwitz, celui qui n'a pas hésité à convoquer une commission indépendante pour faire le point sur les compromissions de l'Église dans l'affaire Touvier. Il avait une réputation d'homme d'ouverture, courageux. Sauf... sur quoi ? Sauf sur la sexualité bien sûr, encore et toujours, ayant été l'un des pourfendeurs de l'usage du préservatif contre le sida...

Vous me direz que les mots malheureux du cardinal Decourtray sur l'affaire Preynat sont anciens : vingt-cinq ans. Mais êtes-vous si sûrs, Messieurs les responsables de l'Église de 2019, que vous avez changé d'époque ? Tout récemment, dans le diocèse de Saint-Étienne, c'est l'évêque lui-même, Sylvain Bataille, qui ne trouve rien de mieux que de demander à un curé d'héberger dans son presbytère un prêtre qui doit comparaître libre devant le tribunal pour des accusations d'agressions sexuelles sur mineurs. Or il se trouve que le prêtre hébergeur a été lui-même, des années plus tôt, victime de celui qu'il lui est demandé d'héberger. Et le plus grave, c'est que l'évêque le sait ! La victime le lui a dit, confidentiellement. Pourquoi l'évêque veut-il mettre le coupable et la victime sous le même toit ? Est-il fou ? Pervers ? Pas du tout. Il illustre simplement de façon tragique et cruelle cette confusion entre le crime et le péché. L'évêque espère sans doute que les deux hommes se rencontreront, qu'ils vont tomber à genoux, que la victime pardonnera et relèvera le coupable. De fait, la rencontre ne manque pas de se produire, puisqu'ils habitent la même maison : l'abuseur demande donc à sa victime, comme si ce n'était là rien que de naturel, de lui pardonner. Mais là, les choses ne se passent pas comme prévu. Le prêtre abusé « ne joue pas le jeu ». Lui, ce qu'il veut, c'est la justice, la vérité. Non seulement il a été sexuellement abusé autrefois, mais aujourd'hui, on veut abuser de sa bonne foi. Et l'évêque, la figure du « père », a abusé de la confiance qu'il lui avait faite en lui racontant les événements d'autrefois. Ne pouvant être compris par son supérieur hiérarchique, par ce « père » qui ne le protège pas, il en a appelé à l'opinion publique en médiatisant son histoire. Cet évêque pourrait peut-être envisager d'écrire des scénarios pour des séries spirituelles à l'eau de rose. Mais il est à craindre que même les producteurs de *Joséphine, ange gardien* n'en veuillent pas.

Messieurs les responsables de l'Église catholique, j'ose vous le dire : je reconnais les facteurs culturels qui ont modelé votre formation cléricale mais votre aveuglement, fondé sur une morale sexuelle devenue une idéologie, n'en est pas moins criminel. Malgré l'endoctrinement que vous avez subi et intériorisé, vous auriez dû comprendre que la « pédophilie » n'est pas un péché sexuel qui se résoudrait par une confession, un acte de contrition et une absolution. C'est un crime qui détruit la vie intérieure de l'enfant, lequel en subira les conséquences dans sa vie sexuelle et affective. Sa vie spirituelle aussi sera ébranlée, sa capacité à faire confiance à une personne adulte, à croire tout simplement. Quant au coupable, il ne suffit pas de l'envoyer faire pénitence et méditer dans un monastère. Il n'a pas commis un péché mais un crime (ou un délit) dont il est redevable devant la justice.

Il y a plus de cent dix ans qu'a été votée la séparation des Églises et de l'État, il y a plus de cent dix ans que vous êtes, ne vous en déplaise, des citoyens *comme les autres*, ni plus ni moins. Vous ne pouvez donc pas faire justice vous-mêmes, vous ne pouvez pas juger vous-mêmes de la gravité de ce qui s'est passé, vous ne pouvez pas énoncer vous-mêmes la sanction, vous ne pouvez pas prendre à vous seuls la responsabilité d'assurer qu'il n'y aura pas de récidive. Il y a la justice républicaine qui enquête et établit autant qu'il est possible les faits. Il n'y a pas de pardon sans que la lumière ait été préalablement faite sur le mal commis et subi, sur son auteur, le contexte, les conséquences. Il n'y a pas de pardon sans vérité. Or, là encore, vous êtes en pleine confusion, en l'occurrence confusion entre l'ordre du spirituel et celui du social.

Le pardon est l'une des exigences les plus héroïques de la vie chrétienne. Oui, les mots de Jésus sont forts : « Aimez vos ennemis, prier pour ceux qui vous font du mal. » Mais le pardon ne peut pas, ne doit pas venir avant la justice. Le pardon appartient à Dieu, la justice aux humains. Celui ou celle qui est capable de pardonner, celui-là, celle-là le fait dans l'esprit, la force et la foi que Dieu lui donne. C'est une sorte de miracle et nous pouvons en être émerveillés. Mais ce n'est pas, ce ne peut pas être le régime ordinaire. Nul ne pardonne sur ordre. Vous ne pouvez pas demander aux victimes de pardonner à leurs agresseurs. Vous ne pouvez pas demander aux victimes de vous pardonner quand vous n'avez pas dénoncé les coupables, quand vous les avez laissés en place ou que vous les avez simplement déplacés. Et bien évidemment, vous ne pouvez pas demander pardon à Dieu alors que vous n'avez pas réparé le mal que vous avez fait !

Vous parlez de péché et de pardon alors qu'il s'agit de crimes et de justice.

Certes, il arrivera peut-être à certains de pouvoir pardonner mais ils ne pourront le faire qu'après que la justice sera passée, que la vérité sera faite. Et comme il vous est difficile de parler de réparation, encore moins d'indemnisation (en France en tout cas) – comme si parler d'argent était indécent –, c'est pourtant l'un des moyens de reconnaître un préjudice et de payer « le prix de la douleur ». C'est extraordinaire cette façon que vous avez de penser que celui qui demanderait de l'argent pour compenser le mal qui lui a été fait ne serait pas tout à fait sincère, serait intéressé, ferait un commerce sordide. Mais dans notre société, l'argent a aussi une signification symbolique puissante. Indemniser une victime, ce n'est pas donner *un* prix à sa blessure, comme si elle avait un tarif, c'est lui donner *du* prix, c'est reconnaître que sa vie est précieuse et qu'elle a été blessée. Cet argent est une forme de reconnaissance et de réparation. Il signifie aussi précisément que cette réparation a un coût pour celui qui va devoir la verser. La décision de l'assemblée des évêques à Lourdes, en novembre 2018, d'envisager « un geste financier » à l'égard des victimes est un petit pas, et il va dans le bon sens, même si le terme utilisé « geste » est un peu trop condescendant.

Décidément, la même question toujours revient. Messieurs les responsables de l'Église catholique, pourquoi vous est-il si difficile de comprendre cela ? N'habitez-vous pas la même Terre que nous ? Je lis les différents communiqués que vous produisez au fur et à mesure des révélations de pédocriminalité. Toujours, les mêmes termes reviennent ; vous ne cessez de parler de l'Église blessée, avant de vous aviser que les premières blessées sont les victimes. Ce qui est terrible, c'est que vous avez beau savoir qu'il ne faut pas le faire, que ce sera mal compris, mal interprété, vous ne pouvez pas vous en empêcher. Ainsi, le très bref communiqué que le conseil permanent de la conférence des évêques publie le 13 septembre 2018 commence par la phrase : « Depuis plusieurs mois maintenant, notre Église est durement mise à l'épreuve. » Bien sûr, il est très vite, et de façon insistante, question des victimes et de leur souffrance, mais il vous a quand même fallu commencer par l'épreuve de l'Église ! Vous me répondrez que l'Église, ce n'est pas seulement vous, que ce sont aussi les gens ordinaires, les baptisés… et sans doute êtes-vous sincères en le disant. Mais vous avez si souvent parlé comme si vous étiez l'Église que nous avons un peu de mal à croire que cette fois-ci, lorsque vous employez ce mot, vous parlez *aussi* de nous.

4.

Du père et de la mère

> « Pour vous, ne vous faites pas appeler “Rabbi” : car vous n’avez qu’un Maître, et tous vous êtes des frères. N’appelez personne votre “Père” sur la terre : car vous n’en avez qu’un, le Père céleste. »
>
> Évangile de Matthieu 23, 8-9.

Rappelez-vous, « Messeigneurs », ces mots sont de Jésus lui-même. Le ton général n’est pas aimable. Toute l’hypocrisie des prétendus spécialistes de la religion est ici pointée : ceux qui disent mais ne font pas ; ceux qui font porter aux autres les fardeaux… Il y a en a un chapitre entier qui est sans doute l’un des plus tranchants de tous les Évangiles, scandé par des « Malheur à vous » et qui s'achève par ce qu'on est obligé de considérer comme des insultes : « Serpents, engeance de vipère… » On a vu plus doux et plus pacifique.

Cette « sainte » colère de Jésus commence donc par l'interdiction formelle de donner à qui ce soit le titre de « père », « maître » ou « seigneur ». Vous le savez bien, et cela a dû plusieurs fois vous mettre mal à l'aise, avouez-le : il est rare que Jésus ordonne ou interdise des paroles ou des actes précis. En général ce qui lui importe, c'est l'intention, l'attitude intérieure des gens. Mais là, il est très clair : un être humain ne peut employer ces mots-là, car ils le mettent en porte-à-faux vis-à-vis de l'autre ainsi nommé. On sent bien qu'il y a là un lien avec l'essence du monothéisme juif, c'est-à-dire le refus de l'idolâtrie : « … Car vous n'avez qu'un Père. »

Eh bien, convenez-en : la verve de Jésus rapportée par l'écrivain évangélique n'a pas été suffisamment explicite, si l'on se rapporte à la pratique en usage dans le catholicisme, à votre pratique. En haut de la pyramide hiérarchique, se trouve le pape, dont le nom signifie bien « père » et que d'ailleurs on désigne aussi comme « Saint Père ». Puis viennent les évêques, les « seigneurs » que l'on nomme comme tels « Monseigneur », et enfin les prêtres, désignés comme « père Dupont » ou « Monsieur l'abbé Dupont », ou par le mot « abbé » qui vient bien de *abba* et qui désigne le père.

Qu'avez-vous donc fait de cette parole de Jésus ? Non seulement elle a été foulée aux pieds alors qu'elle était très explicite, mais la « paternité », symbolique ou spirituelle, est devenue l'un des grands motifs de la spiritualité du monde sacerdotal. Vous me répondrez qu'après tout ce n'est pas bien grave, qu'il n'y a là qu'une question de terminologie, c'est l'usage depuis des siècles, et il a peu de conséquences. Non, Messieurs, vous faites erreur : d'une part, on se demande bien pourquoi cette injonction *formelle* serait sans problème sujette à transgression alors qu'à partir d'autres paroles, beaucoup moins évidentes de Jésus, vous avez déduit des interdictions absolues, éternelles, intouchables – par exemple celle du divorce. D'autre part, et surtout, si vous vous souvenez des quelques notions basiques de psychanalyse qu'on vous a enseignées au séminaire, vous êtes obligés de convenir que ce vocabulaire ambigu n'est peut-être pas sans lien avec cette « culture de l'abus » que dénonce François.

Le prêtre – vous tous, donc, Messieurs – se met en scène dans la figure symbolique du père ; et les chrétiens de sa paroisse deviennent ses « enfants ». Pendant longtemps, on s'est accommodé de ce paternalisme, et aujourd'hui encore, même si les expressions « mon fils », « ma fille » paraissent désuètes et font sourire, le mot « père » reste attaché au sacerdoce. Je suis toujours étonnée, d'ailleurs, d'entendre des gens totalement incroyants nommer ainsi un prêtre, au lieu de l'appeler « Monsieur ». Mais c'est comme ça, c'est entré dans les mœurs.

Un psychanalyste vous dirait qu'il y a dans ces mœurs un oubli manifeste de la différence des générations. Le vieillard qui s'agenouille devant un jeune prêtre en confession dira : « Pardonnez-moi mon père car j'ai péché. »

Certes, il s'adresse au Père unique, mais à travers le père Untel qui en quelque sorte incarne cette figure divine ! On a d'ailleurs vu récemment de jeunes prêtres produire une sorte de glose spirituelle très surprenante en prétendant, après leur ordination, qu'ils sont devenus « le père de leur père » puisque, par le sacrement qu'ils viennent de recevoir, ils deviendraient, spirituellement le « père » de leur géniteur... Vous-même, Messieurs, il vous est peut-être arrivé de plaisanter sur le sujet avec vos parents. Rien de bien méchant a priori, mais avez-vous songé qu'en figure de père, le prêtre est donc revêtu d'une autorité quasi absolue sur tous et toutes, grands et petits. Il est le père, et donc, il incarne la Loi. Comment dès lors pourrait-on envisager qu'il commette lui-même des actes « illégaux » ?

La confusion est d'autant plus grande que le mot « Père » est très présent dans la célébration catholique. J'ai évoqué la confession (aujourd'hui « sacrement de la réconciliation »), mais il en est de même, vous le savez bien, pour tous les sacrements (sauf le mariage) : c'est aussi au nom de ce « Père » que le prêtre baptise et c'est ce « Père » qui est invoqué dans la célébration de la messe. Nul besoin d'être un lacanien expérimenté pour voir qu'il se joue quelque chose autour de ce « nom du Père ».

Mais le méli-mélo symbolique ne s'arrête pas là, car si le prêtre est « père », il a lui aussi, au-delà de son géniteur, un « père » : son « père-évêque » – vous, Messieurs, qui êtes en quelque sorte des super-pères, et certains d'entre vous n'hésitent pas à expliquer sur tous les tons que les prêtres sont leurs « fils ». Dans un entretien publié le 30 octobre 2018 dans le journal *La Croix*, l'évêque de Gap, Xavier Malle, s'explique ainsi, à propos de la dénonciation de prêtres pédophiles : « Le pape m'avait dit après mon ordination : "Soyez un père pour vos prêtres." Comment un père peut aller dénoncer à la police son fils ? J'ai discuté avec un évêque émérite qui m'a dit : "Tu es aussi le père des victimes." Cela m'a éclairé. »

Mon Dieu ! Expliquez-lui, à ce pauvre confrère qui se retrouve ainsi devant un conflit de loyautés paternelles. Expliquez-lui qu'en l'occurrence il n'assume pas le rôle symbolique du père, justement, celui de représenter la loi, de brandir l'interdit. Non seulement le mot est impropre et contraire à l'Évangile, mais en plus il est dévoyé ! Expliquez-lui que même si on admet cette symbolique douteuse, sa « paternité » est fautive à bien des égards. D'abord elle est énoncée sur un mode affectif alors que, précisément, elle devrait s'exercer sur un mode symbolique. En « préférant » son fils prêtre, le criminel, à ses fils non prêtres, les victimes, ce prétendu « père-évêque » n'aide pas le coupable et abandonne les autres.

Le plus extraordinaire, c'est que si on continue à lire les propos de l'évêque de Gap, votre confrère égaré, il déclare : « Toutes ces malheureuses affaires peuvent abîmer la relation entre les prêtres et leur évêque, vu non plus comme un père mais comme un surveillant. » Ce qui lui importe, vous avez bien lu, c'est l'image de lui-même. Et sa phrase est d'autant plus sidérante que très précisément, l'évêque, vous le savez bien, est « épiscope », étymologiquement (en grec) celui qui regarde partout, « qui a l'œil », dont la meilleure traduction est « sur-veillant ».

L'épiscopat est une fonction qui est présente dès les premières communautés croyantes. Pour faire vivre une petite société humaine, il faut que certains veillent à son fonctionnement, au bon ordre. Paul de Tarse, deux décennies après la mort de Jésus, s'adresse ainsi aux croyants de la ville de Philippes : « Paul et Timothée, serviteurs du Christ Jésus, à tous les saints dans le Christ Jésus qui sont à Philippes, avec leurs épiscopes et leurs diacres. » La jeune communauté (Église primitive) de Philippes (une ville de Macédoine) est organisée autour de ses « épiscopes », ou surveillants, et ses diacres ; les personnes qui sont au service de la communauté.

Messieurs les épiscopes d'aujourd'hui, je vous suggère de méditer sur le « profil de poste » que vous propose Paul dans la lettre à Timothée : « Aussi faut-il que l'épiscope soit irréprochable, mari d'une seule femme (!), qu'il soit sobre, pondéré, courtois, hospitalier, apte à l'enseignement, ni buveur ni batailleur, mais bienveillant, ennemi des chicanes, détaché de l'argent, sachant bien gouverner sa propre maison et tenir ses enfants dans la soumission d'une manière parfaitement digne. Car celui qui ne sait pas gouverner sa propre maison, comment pourrait-il prendre soin de l'Église de Dieu ? » (Lettre de Paul à Timothée, 3, 2-5).

Selon Paul, c'est parce que l'épiscope sait tenir sa propre maison et ses enfants qu'il peut prendre soin de l'Église. N'ayez crainte, Messieurs, je vous ferai grâce ici de la question du mariage des évêques. Ce qui m'intéresse est le parallèle entre l'ordre dans « sa propre maison » et l'ordre « dans l'Église de Dieu ». Si vous, les évêques, vous voulez cultiver la symbolique de la famille à l'égard de vos prêtres, alors c'est à votre façon de les gouverner que l'on jugera de vos capacités à gouverner l'Église.

C'est une litote de dire que, sous cet angle, vous êtes proches de la faillite.

Mais les contorsions symboliques ne s'arrêtent pas là. Le père-évêque a une autre caractéristique : c'est lui qui « fait » les prêtres puisque c'est lui qui les ordonne, c'est-à-dire qui leur donne le sacrement par lequel ils deviennent prêtres. Vous avez tous, Messieurs, participé à une telle cérémonie, comme ordonné puis comme ordinant. Le rituel est plutôt féodal. Le futur prêtre, en figure de féal, est à genoux, il met ses mains jointes dans les mains de l'évêque, son suzerain, et il lui promet obéissance, ainsi qu'à ses successeurs. Le rite signifie un échange, une sorte de contrat d'honneur qui est noué pour la vie entière de l'un, le prêtre, et qui le liera à tous les successeurs de l'autre, l'évêque. L'inférieur promet l'obéissance et en échange, le supérieur donne sa protection. Dès lors, comment pourra-t-il plus tard se dédire, si besoin est, et amener un prêtre devant la justice ? Ne trouvez-vous pas qu'il y a là comme un problème ?

Un autre rite propre aux ordinations permet de comprendre les liens puissants qui vous unissent. Vous vous en souvenez, sûrement avec émotion : c'est celui de l'imposition des mains. Ce geste qui consiste à poser les mains à plat sur la tête de celui qui va devenir prêtre ou évêque, c'est cela qui « fait le sacrement », incarne l'action divine, par l'intermédiaire de l'Esprit-Saint que l'assemblée tout entière a invoqué, tandis que celui qui va être ordonné est allongé au sol de tout son long, en signe d'offrande totale de lui-même.

En imposant les mains, vous avez « fait » des prêtres comme vous-mêmes aviez été « faits » évêques par imposition des mains de trois évêques, dont la plupart du temps, celui que vous remplaciez. Cette pratique se fonde sur la théologie dite de la « succession apostolique », selon laquelle depuis les premiers « apôtres » (le mot signifie simplement « missionnaires ») que Jésus lui-même a choisis, une suite ininterrompue de mains et de fronts forment cette succession. L'idée, quoique étant une fiction sur le plan historique (il n'y a pas de clergé avant le début du IIe siècle), est spirituellement très belle. Elle a cependant une faille très grave parce qu'elle rend l'évêque d'aujourd'hui étroitement solidaire de celui d'hier. Là se trouve sans doute l'une des raisons pour lesquelles certains d'entre vous, Messieurs, n'ont pas su faire face aux cas de pédocriminalité.

Dans la plupart des dossiers connus, les crimes courent sur plusieurs épiscopats, et la dissimulation s'est prolongée en une chaîne d'évêque en évêque. C'est le cas dans l'affaire du prêtre Preynat à Lyon où quatre cardinaux-archevêques sont mis en cause : Albert Decourtray, Jean Balland, Louis-Marie Billé et enfin Philippe Barbarin, les trois premiers étant décédés. De la même façon, dans le procès d'Orléans contre André Fort, les deux évêques qui l'avaient précédé s'étaient tus ; le premier, René Picandet, est mort et le suivant, Gérard Daucourt, est préservé de l'accusation par la prescription (« Dieu soit loué ! », comme dirait l'un d'entre vous ?).

Amener un prêtre pédophile devant la justice, c'est donc à la fois dénoncer un fils et accuser un père, c'est-à-dire l'évêque prédécesseur, celui par les mains duquel on est soi-même devenu évêque. Je comprends votre cas de conscience : comment dire que cet homme-là avait « les mains sales » sans remettre en cause votre propre légitimité ? Parler des conditions dans lesquelles a prospéré la dissimulation de la pédocriminalité dans l'Église catholique, c'est avoir à l'esprit les mécanismes qui sont à l'œuvre. Il y a certainement des logiques de protection semblables à celles qui se jouent dans d'autres institutions, mais il y a aussi ces puissantes dimensions symboliques.

Et s'il faut en produire une preuve, la voici. C'est la lettre que le cardinal Dario Castrillon Hoyos, qui était alors préfet de la Congrégation pour le clergé, adresse en septembre 2001 à Pierre Pican, l'évêque de Bayeux-Lisieux, qui vient d'être condamné à trois mois de prison avec sursis pour n'avoir pas dénoncé un prêtre prédateur : « Vous avez bien agi et je me réjouis d'avoir un confrère dans l'épiscopat qui, aux yeux de l'histoire et de tous les autres évêques du monde, aura préféré la prison plutôt que de dénoncer son fils-prêtre. » Le cardinal explicite son propos : « En effet, la relation entre les prêtres et leur évêque n'est pas professionnelle, c'est une relation sacramentelle, qui créé des liens très spéciaux de paternité spirituelle. »

Tout est dit.

Messieurs les responsables de l'Église catholique, il faut maintenant que vous vous rendiez compte de la dimension fondamentalement perverse de cette symbolique de paternité. Et ne venez pas nous dire : c'est la tradition qui... Écoutez, écoutez celui qui devrait être votre seul maître, votre seule boussole, Jésus lui-même : « N'appelez personne père... »

Et puisque nous sommes dans l'ordre du symbolique, regardons ce qui se passe du côté de la figure de la mère, puisque c'est ainsi qu'est désignée l'Église ; la mère-Église. Étrange vision sexuée de ce monde religieux ; d'un côté, des hommes liés entre eux par ces paternités symboliques et, de l'autre, une spiritualité qui fait de l'Église une mère. À l'origine, l'Église est l'*ecclesia*, le rassemblement de ceux et celles qui sont convoqués, appelés par ce Jésus qu'ils disent Christ et Seigneur. Rien de maternel là-dedans. C'est de fraternité dont il s'agit. Les membres de l'Église se disent frères et sœurs non parce qu'ils auraient une mère commune mais à cause de leur lien avec Jésus et, à travers lui, avec le Père unique de tous les hommes. On cherchera d'ailleurs en vain cette idée de maternité dans les premiers écrits du Nouveau Testament. La « féminité » symbolique de l'Église y est présente dans une allégorie « sponsale » (désignant un lien entre époux) héritée du judaïsme : la relation entre Dieu et son peuple est représentée par une métaphore amoureuse dans laquelle Dieu tient le rôle masculin et le peuple le rôle féminin. On en trouve des traces chez le prophète Osée et c'est l'une des interprétations mystiques du Cantique des Cantiques. L'Église-épouse est bien originelle, mais point trace d'Église-mère. Il faut attendre les Pères de l'Église, Cyprien de Carthage et Augustin d'Hippone par exemple, pour que cette figure maternelle apparaisse. Le Moyen Âge consacrera cet usage. Mais, hélas, cette féminisation de l'Église s'accompagnera d'une vision extrêmement péjorative des « vraies » femmes. La féminité réelle est flétrie et on lui substitue une féminité idéale, rêvée et, il faut bien le dire, assez régressive puisqu'il s'agit rien de moins que de demeurer et se lover dans le sein maternel de l'Église. L'exaltation de la figure de Marie, mère de Jésus, va accentuer le processus. Marie et l'Église sont, d'une certaine façon, confondues et constituent un refuge parfait pour un corps ecclésiastique exclusivement masculin à qui l'instauration du célibat obligatoire interdit la fréquentation des femmes.

Tout cela, vous le savez par cœur, Messieurs, et je sais que certains d'entre vous n'hésitent pas à critiquer en privé cette symbolique dévoyée, et à la limite païenne. Mais ça marche tellement bien ! C'est tellement confortable de pouvoir cultiver une thématique à laquelle les peuples sont si attachés ! Et puis on ne revient pas sur une tradition vieille de mille ans (ce qui veut d'ailleurs dire que le premier millénaire ignorait pratiquement ces dérives). Même le pape François, pourtant réformateur audacieux en d'autres domaines, n'hésite pas à prêcher comme ses prédécesseurs sur ce thème. Par exemple, mercredi 11 septembre 2013, lors de l'audience générale, place Saint-Pierre : « Toutes les mamans ont des défauts, nous avons tous des défauts, mais quand on parle des défauts de sa maman, nous les couvrons, nous les aimons comme elles sont. Et même l'Église a ses défauts : nous l'aimons comme notre maman. » Et il poursuit : « L'Église aussi nous engendre dans la foi, par l'action de l'Esprit-Saint qui la rend féconde, comme la Vierge Marie. L'Église et la Vierge Marie sont des mamans toutes les deux ; ce que l'on dit de l'Église peut se dire de la Sainte Vierge et ce que l'on dit de la Sainte Vierge peut aussi se dire de l'Église ! »

L'Église en étant proposée comme mère (et même comme « maman », selon un vocabulaire qui illustre bien la régression) introduit, face aux cas d'abus, un nouveau conflit de loyauté. En effet, quel fils, quelle fille pourrait dire du mal de sa mère ? Le commandement de la loi de Moïse, « Honore ton père et ta mère », devient un impératif ; il faut aimer l'Église. C'est au nom de ce commandement que les crimes seront cachés car celui ou celle qui les dénonce « fait du mal à l'Église », c'est-à-dire fait du mal à sa mère.

Messieurs, vous qui êtes pour la plupart des esprits brillants, n'êtes-vous pas frappés par le tableau incestueux qui se dessine ? Un prêtre-père qui viole l'enfant sans rencontrer l'interdit que devrait brandir l'évêque-père. Une Église-mère qui ne protège pas l'enfant et ferme les yeux sur le crime. Pour l'enfant, la dénonciation est impossible car il devrait le faire contre les figures du père et de la mère. Dans cet enchevêtrement symbolique mortifère se trouve certainement l'une des raisons du refoulement très profond qui atteint ceux qui ont été victimes des prêtres.

La pédocriminalité des prêtres et sa dissimulation ne sont que la face hideuse et monstrueuse d'une construction symbolique très douteuse. Le pape François parle d'une culture de l'abus, nul doute que ces abus naissent dans ces marécages de spiritualité glauques. Quoi de commun entre ces gloses spirituello-gélatineuses et la figure de Jésus de Nazareth, l'homme frère, ami des hommes, des femmes et des enfants, entretenant avec eux une relation d'égal à égal, invitant à le suivre, jamais à lui obéir ?

5.

Du pouvoir

> « Les chefs des nations dominent sur elles en maîtres et les grands leur font sentir leur pouvoir. Il n'en doit pas être ainsi parmi vous : au contraire, celui qui voudra devenir grand parmi vous, sera votre serviteur. »
>
> Évangile selon Matthieu 20, 25-26.

Messieurs, il est toujours singulier d'observer à quel point vous êtes prolixes sur les questions sexuelles – enfin surtout sur la sexualité des autres, de ceux et celles qui ne se sont pas engagés à l'abstinence – et silencieux sur celles du pouvoir. Vous avez d'ailleurs un grand talent pour clore toute discussion sur le sujet. Votre logique est la suivante : vous n'exercez pas un pouvoir, contrairement à ce que tout un chacun peut observer, mais un « service ». En revanche, à chaque fois qu'une personne suggère que la charge de ce que vous nommez « service » pourrait être partagée, elle est pointée du doigt comme étant avide de « pouvoir ». Résumons : de votre côté, tout pouvoir est un service ; du nôtre, toute question sur ce pouvoir/service est un désir de pouvoir et donc mauvais et condamnable.

Appuyés sur ce syllogisme, vous exercez donc un pouvoir sans partage, selon vos lois et vos règles… et même en dehors d'elles puisque Dieu seul est votre droit. Lorsque vous êtes devenus prêtres, vous avez reçu ce que la tradition catholique nomme les « ordres sacrés ». Et dès cet instant, vous n'appartenez plus tout à fait au commun des mortels. C'est très précisément ce que le pape condamne sous le mot de cléricalisme. Puis-je vous faire sourire un instant en vous rapportant le mot d'un ami prêtre, non dénué d'humour sur lui-même, qui disait :

« Le cléricalisme est une maladie contagieuse, transmissible par imposition des mains. »

Hélas, votre pratique du pouvoir ne nous fait en général pas rire. Au fur et à mesure des siècles, vous avez accumulé les signes de pouvoir et de puissance. Jésus, à la veille de sa mort, s'était agenouillé devant ses amis et leur avait lavé les pieds en en faisant un exemple à suivre. Qu'en reste-t-il aujourd'hui ? Vous cumulez entre vos mains toutes les fonctions. Vous célébrez le culte, vous enseignez, vous gouvernez, que vous en ayez le talent ou pas, comme si l'ordination vous avait tout à coup revêtus de superpouvoirs. Par la « grâce du sacrement », vous êtes tout à coup devenus les meilleurs interprètes de la Bible, meilleurs que n'importe quelle personne, homme ou femme, qui l'étudie depuis des dizaines d'années et qui est revêtue de tous les grades universitaires. Vous êtes aussi devenus des experts en matière de comptabilité puisque vous avez la signature des comptes de la paroisse – du diocèse si vous êtes évêque. Vous avez aussi toutes les compétences des ressources humaines pour nommer ou démettre à tous les postes. Et bien sûr, vous avez le pouvoir suprême, celui de « lier ou délier ». À ce titre, vous pouvez pardonner au nom de Dieu... ou pas.

Et vous pensez aussi que vous avez le pouvoir de « faire » Dieu. Lorsque vous célébrez la messe, vous touchez le pain (l'hostie) et le vin, vous dites les mots qu'il faut, et Dieu est là, présent, par vos mains et vos mots. Qui ne serait saisi d'une sorte d'ivresse ? Il en faut de la sagesse et de la sainteté pour demeurer simple, humble, ordinaire. Et sages et humbles, vous ne l'êtes guère ; sinon vous, du moins la tradition et la culture dans laquelle vous baignez. Ainsi, le pape Benoît XVI exaltait la figure du prêtre en rappelant les mots de Jean-Marie Vianney, le curé d'Ars : « Si nous avions la foi, nous verrions Dieu caché dans le prêtre comme une lumière derrière la vitre, comme le vin mélangé à l'eau. » Dieu caché dans le prêtre ! En latin, on privilégie l'expression *alter Christus*, autre Christ, rien que cela. Le prêtre serait donc un autre Christ ? Il n'est même pas son « représentant » ; non, il est le Christ lui-même, son être profond est modifié.

Pourtant, il s'agit d'une usurpation. Cette « configuration au Christ » n'est pas un privilège spécial des prêtres, c'est la vocation, l'appel que reçoit tout chrétien, toute chrétienne. Lorsque Paul dit : « Ce n'est plus moi qui vis, mais le Christ qui vit en moi » (Lettre aux Galates 2, 20), il ne parle pas des prêtres, lui-même d'ailleurs ne prétend à aucun moment qu'il est prêtre. Il explicite le changement intime survenu en lui lorsqu'il est devenu croyant et qu'il a donné sa foi à Jésus Christ.

Évidemment, cette conception du prêtre comme devenu distinct, dans sa personne même, du commun des autres êtres humains est la porte ouverte à tous les abus, à tous les excès. Les victimes d'abus l'expliquent très bien : « Pour moi, dit un homme violé à douze ans, le curé et Dieu c'était pareil. Comment aurais-je pu dire non ? Comment penser qu'il pouvait faire quelque chose de mal ? »

Remédier à cet état de fait va vous demander, Messieurs, une conversion déchirante.

Comprendre que vous n'êtes pas au-dessus non seulement des lois mais aussi des règles ordinaires qui régissent nos sociétés ne va pas être facile, tant vous êtes englués dans un monde à part.

Écoutez ce que la « maison mère », Rome, écrit sur les prêtres et l'organisation de l'Église dans le « Directoire pour le ministère et la vie des prêtres » publié en 2013, juste avant la démission du pape Benoît XVI. Le chapitre 26 tout entier est intitulé « Tentation du démocratisme et de l'égalitarisme ». Il explique en substance que la démocratie est bonne en général mais pas dans l'Église. On y lit que « l'Église reconnaît tous les mérites et les valeurs que la culture démocratique a apportés à la société civile », puis vient un rappel du dessein de Dieu sur l'Église, et le verdict tombe : « L'Église, de par sa nature, est une réalité qui se distingue des sociétés humaines. Par conséquent, on ne peut pas admettre dans l'Église cette mentalité », la mentalité en question étant l'égalité et la démocratie.

Messieurs, nous sommes là au cœur du

problème. Pourquoi ce qui est bon pour tout le monde n'est-il pas bon pour l'Église ?

Toutes les sociétés humaines, toutes les organisations étatiques ou associatives, toutes les entreprises consacrent beaucoup de temps, d'énergie et d'intelligence au contrôle du pouvoir et des risques d'abus. Ce travail difficile de création de mécanismes de modération et de contrôle est mené pour des motifs de vertu mais aussi pour des raisons d'efficacité. Les pouvoirs qui ne sont pas régulés s'égarent, ceux qui les exercent prennent de mauvaises décisions et s'y cramponnent. Nos sociétés modernes savent que le pouvoir est dangereux, et que c'est là que se situe la véritable tentation et non dans l'égalité et la démocratie, comme vous semblez le croire.

La conséquence de votre conception du pouvoir, c'est l'abus généralisé et caractérisé. Dans une paroisse, le curé a tous les pouvoirs. S'il le veut, il décide de tout envers et contre ses paroissiens qui peuvent bien aller se plaindre à l'évêque. Dans la plupart des cas, celui-ci leur conseillera de faire preuve à l'égard de leur curé d'une « religieuse obéissance ». Et si c'est l'évêque, c'est encore pire. Rien ne peut le déboulonner. Il n'y a aucun contrôle d'aucune sorte. La seule chose qui peut faire « chuter » un évêque, ce n'est pas de se mettre tout son diocèse à dos ou de vider les caisses mais qu'il y ait un soupçon sérieux d'une relation avec une femme. Là, Rome sévit, et vite. Le diocèse de Quimper vient d'en faire l'expérience.

Dès lors avec une telle conception du pouvoir, comment s'étonner que, pendant si longtemps, vous ayez fait une règle de ne pas présenter les prêtres délinquants à la justice civile ? Comment pouviez-vous déléguer à des magistrats convaincus des bienfaits de la démocratie et de l'égalité le soin de juger ces êtres particuliers que sont les prêtres ? Vous me direz que les choses ont changé. Que maintenant, et suivant les instructions fermes du pape Benoît XVI en 2011, vous transmettez à la justice. Il a quand même fallu que des milliers de cas dans le monde entier soient révélés, que pèsent tout le poids de l'opinion publique et la main de la justice pour qu'enfin vous vous sentiez tenus d'accepter que d'autres que vous puissent juger les prêtres.

Encore que, si l'on en croit les propos récents du cardinal Barbarin, la chose n'est pas totalement acquise. Dans un entretien qu'il a accordé à la catholique Radio Notre-Dame le 7 novembre 2018, il déclare à propos des crimes du prêtre Preynat : « Dès que j'ai rencontré une victime, j'ai écrit à Rome ; dès que j'ai eu la réponse, j'ai transmis la réponse, j'ai mis en œuvre ce qui m'a été dit par Rome. » Ah bon ! Philippe Barbarin est donc citoyen de « Rome » ? Les lois françaises ne le concernent pas ? Pour lui, les choses sont claires : il détient son pouvoir de Rome, il reçoit donc ses ordres de Rome, il obéit à Rome. Lui au moins ne cède pas bêtement à la « tentation démocratique ».

6.

Du scandale

> « Il est impossible que les scandales n'arrivent pas, mais malheur à celui par qui ils arrivent ! Mieux vaudrait pour lui se voir passer autour du cou une pierre à moudre et être jeté à la mer que de scandaliser un seul de ces petits. Prenez garde à vous ! »
>
> Évangile de Luc 17, 1-3

« Malheur à celui par qui le scandale arrive. » Par deux fois, cette phrase est placée dans la bouche de Jésus ; dans l'Évangile selon Matthieu et dans celui de Luc. Dans les deux cas, le propos est le même, il s'agit de ceux qui scandalisent « les petits ». Et dans les deux cas, le jugement de Jésus sur celui qui provoque le scandale est sans équivoque : « Il serait préférable pour lui de se voir suspendre autour du cou une de ces meules que tournent les ânes et d'être englouti en pleine mer. »

Quelle phrase terrible ! Tellement terrible que l'on s'est empressé d'en détourner le sens : *skandalon*, en grec, c'est la pierre d'achoppement qui fait tomber. Jésus l'entend manifestement comme le comportement des « élites » susceptible d'écœurer, décourager, démobiliser, affaiblir la foi du peuple. Or le malheur, c'est que ces mots ont très souvent été instrumentalisés afin de donner bonne conscience à ceux qui dissimulaient le scandale. On a confondu l'objet du scandale avec la connaissance du scandale. Quel retournement ! Ce n'est plus l'auteur des faits délictueux qui est condamné comme scandaleux, c'est le « lanceur d'alerte » !

Dans les cas de pédocriminalité dans l'Église, le scandale – le scandale de fond, au sens où l'emploie Jésus – est au moins double.

Il y a d'abord celui qui commet les crimes

ou délits. Il utilise son autorité, son prestige. Il est plus âgé que ses victimes, il est revêtu de l'autorité de sa mission. On répète qu'il est une personne à part, choisie par Dieu lui-même. Il a « la vocation ». Il en parle en disant « le Seigneur m'a appelé ». Il explique qu'à cause de cet appel divin, il a décidé de ne pas vivre comme les autres hommes. Il n'aura pas de famille, pas de femme, pas d'enfant parce qu'il est « tout donné ». Il n'a pas non plus de métier au sens habituel du terme. On explique aux enfants que les gens « ordinaires » aiment une femme, leurs enfants, mais que le prêtre, lui, aime plus, plus grand, il aime « tout le monde ». À quoi s'ajoute bien sûr sa relation avec le « sacré ». C'est par ses mains que passent les sacrements. Il n'a pas seulement un uniforme comme les policiers ou une robe comme les juges et les avocats. Il a un vêtement très spécial. Dans l'exercice de la fonction du culte, il porte aube, étole, chasuble. Si on lui en demande l'explication, il dit qu'il « revêt le Christ ». Et alors que les hommes ordinaires portent chemise, cravate, polo, tee-shirt, suivant l'activité qu'ils vont avoir, le prêtre conserve dans sa façon de s'habiller au quotidien la marque de ce qu'il est. Il porte un col romain, voire – de plus en plus souvent en notre époque de « recléricalisation » – une soutane. Tout est fait pour que lui-même et ceux et celles qui le rencontrent n'oublient jamais qu'il est un être « à part ».

Attention, ne me faites pas dire ce que je n'ai pas dit. Bien sûr, il n'y a pas davantage de pédocriminalité parmi les porteurs de soutane et de col romain. Mais ce choix de se différencier signifie qu'on ne veut pas être confondu avec les gens ordinaires.

Vous, Messieurs les responsables de l'Église catholique, vous avez accentué cette différence, en mettant en avant et en premier les vocations à la prêtrise. Vous avez tout misé sur les prêtres jusqu'à considérer, encore aujourd'hui, que les vocations et le nombre de prêtres étaient le critère par excellence de la vitalité des communautés de croyants. Et vous avez multiplié les prières : « Donnez-nous des prêtres, des saints prêtres » ; c'est la lancinante litanie qui s'élève depuis des décennies. En faisant cela, vous avez une lourde responsabilité. Certes, vous n'êtes pas coupables des actes criminels de certains prêtres mais vous avez contribué à donner à tous les prêtres un statut d'exception.

Cette dérive a de nombreuses conséquences. D'abord, lorsque l'un tombe, c'est tout l'édifice qui vacille. Ils sont tellement idéalisés que la faute d'un seul les salit tous. Elle montre que non seulement ce sont des hommes ordinaires, faillibles, mais qu'ils peuvent même être capables du pire. Tout le monde s'aperçoit alors que vous aviez fait des prêtres des super-héros qu'ils ne sont pas. Et comme ils sont les piliers de l'édifice, il faut les protéger à tout prix, y compris au prix de la vérité.

C'est pourquoi vous avez tout mis en œuvre pour éviter la révélation du scandale. Et c'est là le deuxième scandale et sans doute presque aussi grave encore que le premier.

Combien de vos prédécesseurs ont refusé de croire les enfants, fait pression sur les parents pour qu'ils se taisent ? Combien ont déplacé les coupables afin d'étouffer les rumeurs et désarmer la colère des proches ? Vous-mêmes, sinon à titre personnel, du moins de façon collective, vous avez longtemps refusé d'écouter les adultes qui témoignaient de ce qui leur était arrivé quand ils avaient quatorze, douze, dix ans... ou même moins ! Il a fallu attendre novembre 2018 pour que, réunis à Lourdes, vous acceptiez d'écouter des victimes. Jusque-là, paraît-il, vous n'étiez « pas prêts ». Oui, vous-mêmes ou ceux qui vous ont précédés avez ignoré la souffrance des enfants et des familles et avez enterré la vérité pour sauvegarder l'image du prêtre parce que dans votre vision, le prêtre, c'est l'Église, c'est vous ; et dans votre esprit, rien n'était plus important.

Le pape François pointe le cléricalisme comme la source même des abus qui ont défiguré l'Église. Dans sa Lettre au peuple de Dieu, il tient toujours ensemble l'abus sexuel, l'abus de pouvoir et l'abus de conscience. Il va même jusqu'à parler d'une « culture de l'abus » qu'il faut éradiquer[1]. Le terme est terrible. Le pape ne prend guère de précautions oratoires pour dire que les abus ne sont pas des faits d'exception dans un corps qui serait globalement sain, mais qu'ils appartiennent de façon structurelle à la société cléricale. Cette chose à laquelle chacun collabore non pas en faisant tel ou tel acte mais en laissant faire, en laissant les choses en l'état, en les justifiant, même lorsqu'elles sont injustifiables. C'est très précisément ce que naguère Jean Paul II désignait comme « une structure sociale de péché » ; un système dont le plus bel exemple est celui de l'organisation mafieuse dans laquelle tout le monde se tient et dans laquelle le mal devient une responsabilité collective. Malheureusement, il n'a pas eu la capacité de voir qu'une telle organisation perverse se déployait dans l'Église elle-même autour de la pédocriminalité. N'a-t-il pas vu, pas voulu savoir ? Ce qui est certain, c'est que sous son

1. Lettre du pape François au peuple de Dieu, 20 août 2018 en annexe, page 143.

pontificat, le combat a été très mollement mené, c'est le moins que l'on puisse dire.

Le jugement du pape François est, lui, d'une effrayante lucidité, et on pourrait lui demander : « Vous dites qu'il faut "éradiquer" cette culture de l'abus, d'accord, mais on fait comment ? »

Au-delà des cas de pédocriminalité, on découvre que les fondateurs de congrégations récentes se sont presque tous rendus coupables de faits d'abus. La liste est si longue qu'il est plus rapide de lister celles et ceux qui semblent encore indemnes. On sait l'abomination absolue qu'a été Martial Maciel, le fondateur des Légionnaires du Christ mais, voici quelques semaines, les responsables des Foyers de charité ont reconnu que l'un de leurs fondateurs avait un comportement très discutable : « Plusieurs témoignages ont été portés à ma connaissance et font état de gestes déplacés et de comportements inappropriés que le père André-Marie van der Borght a eus à l'égard de femmes, notamment dans le cadre de l'accompagnement et du sacrement du pardon », déclare

Moïse Ndione, modérateur du mouvement, le 12 octobre 2018. Les Frères et Sœurs de Saint-Jean ont reconnu il y a peu que leur fondateur Marie-Dominique Philippe s'était rendu coupable de « déviances dans sa vie affective et sexuelle ». Idem pour le fondateur de la communauté Point-Cœur, Thierry de Roucy. On reconnaît bien là cette « culture de l'abus » dénoncée par le pape. Le prêtre en question profite de sa position d'autorité, de son charisme personnel, de la fragilité des personnes qu'il reçoit dans le cadre du sacrement pour « abuser », tromper leur confiance, tordre leur conscience et se permettre des privautés sexuelles.

Le successeur d'André-Marie van der Borght à la tête des Foyers de Charité, aujourd'hui évêque d'Angoulême, Hervé Gosselin, assure n'avoir rien vu, rien su, rien entendu…

La culture de l'abus trouve sa racine dans une culture du silence ; silence par peur du trouble que pourraient causer des révélations. En effet, si le comportement de tel ou tel qui a des agissements criminels fait une partie du scandale, l'autre partie tient au silence, à la dissimulation qui ont trop souvent accompagnés ces actes. Et qui le silence a-t-il protégé ? Les victimes ? Certainement pas. Les éventuelles futures victimes ? Moins encore. On qualifie ce silence d'omertà, un terme emprunté à la mafia, et on le fait à raison. L'omertà est un code de conduite, aussi nommé code « d'honneur », par lequel ceux qui sont témoins d'un crime ne le signalent pas, n'en parlent pas, font comme s'il n'était rien arrivé et attendent « que ça passe ». Le mot, hélas, illustre parfaitement le fonctionnement qui a été celui de l'Église catholique jusque très récemment. Et aujourd'hui encore, nombre de responsables considèrent qu'on parle trop, de façon disproportionnée par rapport à la réalité. Et qu'une part du problème tient au bruit médiatique causé par ceux et celles qui dénoncent ces actes, bien plus que les actes eux-mêmes, même s'ils sont répréhensibles.

La notion de scandale glisse lentement des faits à la publicité qui en est faite. Ceux et celles qui parlent, et j'en suis, sont accusés de « faire du mal à l'Église », d'avoir une autre feuille de route que la défense des victimes, voire d'instrumentaliser le « scandale » pour poursuivre d'autres objectifs, en particulier de vouloir obtenir une réforme de l'Église.

Eh bien, Messieurs, je dois vous l'avouer, le soupçon est fondé ! En tout cas à mon égard. Oui, je le confesse, je veux que tout cela change ! J'ai bien dit « tout », c'est-à-dire non pas telle ou telle procédure interne sur tel sujet, mais un système, un ensemble de hiérarchies, de relations, de pratiques, de discours. Bref, c'est d'une réforme en profondeur qu'il s'agit. Et ce désir est fondé dans les mots mêmes du pape François : « culture de l'abus ». Une culture, cela se change par rien de moins qu'une révolution culturelle. Le pape ajoute, citant son *Evangelii Gaudium*, la joie de l'Évangile : « Chaque fois que nous cherchons à revenir à la source pour récupérer la fraîcheur originale de l'Évangile, surgissent de nouvelles voies, des méthodes créatives, d'autres formes d'expression, des signes plus éloquents, des paroles chargées de sens renouvelé pour le monde d'aujourd'hui. » C'est le pape qui nous enjoint de vaincre le « cléricalisme ». Non seulement il emploie le terme, mais il le définit bien comme un système de pouvoir qui favorise les trois types d'abus ; abus sexuel, abus de pouvoir, abus de conscience.

Pour vaincre ce mal, le pape en appelle au « peuple de Dieu », à l'ensemble des baptisés. « Chaque fois, dit-il, que nous avons tenté de supplanter, de faire taire, d'ignorer, de réduire le peuple de Dieu à de petites élites, nous avons construit des communautés, des projets, des choix théologiques, des spiritualités et des structures sans racine, sans mémoire, sans visage, sans corps et, en définitive, sans vie. » Le réquisitoire est impitoyable. Et il vise bien la structure actuelle de l'Église dans laquelle tous les pouvoirs sont dans les mains des clercs. On comprend que l'exégèse autorisée (cléricale) du texte du pape ne s'appesantisse pas sur cet aspect de son propos mais préfère proposer aux baptisés de prier et de jeûner.

Le Conseil permanent de la Conférence des

évêques de France publie un communiqué le 12 septembre 2018 qui est un chef-d'œuvre de « langue de buis », dont voici un extrait significatif : « La crise que traverse l'Église catholique aujourd'hui, le profond désarroi dans lequel sont plongés beaucoup de fidèles et de clercs sont une invitation à travailler à la juste place de chacun. À la suite de l'appel du pape maintes fois exprimé, nous invitons à travailler cette question de l'autorité partout où elle se pose dans l'Église. » On voit à quel point les paroles du pape subissent une atténuation extrême. Il est question de « la juste place de chacun », c'est-à-dire de la place respective des clercs et des laïcs. Et les évêques invitent à « travailler à cette question de l'autorité partout où elle se pose ». Les deux membres de la phrase éclairent la volonté de statu quo qui transparaît dans ce communiqué. Là où le pape pointe les abus avec des termes puissants – « supplanter, faire taire, ignorer, réduire » –, les évêques continuent à penser en termes de « juste place » des uns et des autres. Et le travail sur l'autorité doit se faire là où la question se pose. Ce qui laisse supposer que globalement, et sauf rares exceptions, elle ne se pose pas. Bref, tout va très bien, Messeigneurs ! Tout va très bien, et passons vite à autre chose !

Devant l'étendue quasi universelle du scandale, le pape fait courageusement une analyse systémique et structurelle. La réponse ne peut donc être qu'une réforme radicale des rapports entre clercs et laïcs. Il l'appelle de ses vœux… Pour l'heure, ce sont des vœux pieux !

7.

De l'exemplarité

« Qu'as-tu à regarder la paille qui est dans l'œil de ton frère ? Et la poutre qui est dans ton œil à toi, tu ne la remarques pas ! »

Évangile de Luc 6,41

C'est ce qu'on a envie de vous répondre, Messieurs, lorsque vous répétez que l'Église est loin d'être la seule à connaître des affaires de pédocriminalité. Oui, il y a des incestes familiaux, oui, il y a des abus sexuels dans d'autres institutions où des mineurs sont en contact avec des majeurs et sous leur autorité, dans les écoles, collèges et lycées, dans les clubs de sport par exemple. Et alors ?

En quoi le fait que d'autres le fassent vous dédouane-t-il une seule seconde ?

L'argument serait déjà extrêmement faible si vous étiez un club de foot qui pour se défendre pointerait du doigt un club de natation. Mais vous n'êtes pas un club de sport, vous êtes le lieu où grands et petits, nous venons non pas pour améliorer notre corps, ni même pour exercer notre esprit, comme à l'école. Non, nous sommes là pour faire vivre la part la plus intime et la plus précieuse de nous-mêmes, notre cœur et notre âme. C'est là, dans cet espace religieux, que nous nous ouvrons à cette dimension très spéciale, puissante et fragile à la fois, que l'on nomme la vie spirituelle ; ce lieu intime, secret. Reconnaissons qu'il y a là plus que la science du dribble, plus que l'art de la brasse papillon, plus que la connaissance des mathématiques, de la littérature ou même de la philosophie.

Et vous, voudriez qu'on vous traite « comme les autres » ? Mais précisément, vous n'avez pas les responsabilités des autres, vous en avez de bien plus grandes, de bien plus hautes – en tout cas pour celles et ceux que vous êtes censés accompagner, les catholiques. Que vous ayez pu admettre, envisager, que ne fût-ce qu'un seul des prêtres de l'Église se comporte en prédateur sans qu'il soit immédiatement exclu, cela dépasse l'entendement. Que vous acceptiez qu'un seul des responsables de l'Église ait pu couvrir ces crimes, que non seulement vous l'acceptiez mais que vous le souteniez, cela encore dépasse ce que l'on peut imaginer.

En 2001, pour la première fois en France et semble-t-il dans le monde, un évêque est condamné pour non-dénonciation de crime « pédophile ». Il s'agit de Pierre Pican, alors évêque de Bayeux-Lisieux : trois mois de prison avec sursis. Sous la pression de certains d'entre vous, Messieurs les évêques français, il renoncera in extremis à faire appel de ce jugement. Pour autant, il ne quittera pas sa charge, ne sera pas démis. Dix ans plus tard, en 2010, lorsqu'il démissionne à l'âge prévu par le règlement, soixante-quinze ans, il déclare : « J'ai pu donner l'impression de couvrir, de soutenir et même aux yeux de certains, y compris la justice, de protéger un frère prêtre coupable de crimes sur mineurs, sans pouvoir suffisamment manifester et exprimer ma présence auprès des victimes, au nom d'une Église blessée par ce drame. » Il ajoute : « Je pense aux victimes chaque jour, à celles qui ont été détruites par ces actes et aux autres victimes de ces comportements criminels. » Il pense aux victimes, dit-il, mais pas un mot de regret, pas d'excuses.

C'est son successeur, Mgr Boulanger, qui les présente dès le jour de son arrivée dans le diocèse : « En tant que successeur de mon frère Pierre, je demande pardon aux victimes, au nom de l'Église et de notre diocèse. » On est en droit de dire « enfin ». Et vous, ses confrères, pendant ces neuf années, entre 2001 et 2010, vous avez compté pour rien cette condamnation civile. Vous avez continué à confier des responsabilités à Pierre Pican. Il a par exemple été membre de la Commission de la famille. Membre de la Commission de la famille ! Mais où avez-vous la tête, où avez-vous le cœur ? Cet homme a permis à l'un des prêtres dont il avait la responsabilité, René Bissey, de continuer ses actes de prédation, et de violer des jeunes garçons sur le lit conjugal de leurs parents – le détail est odieux – et vous le nommez à la Commission de la famille…

Et pour parachever l'abjection, on apprend en même temps que son paisible départ à la retraite en 2010 que son supérieur romain, le cardinal Dario Castrillon Hoyos, qui était préfet de la Congrégation pour le clergé à l'époque des faits, lui avait en 2001 apporté tout son soutien et l'avait félicité de ne pas avoir dénoncé le prêtre prédateur.

Pour Pierre Pican, il n'y a donc eu aucune sanction canonique de la part de sa hiérarchie. Rien. Il a coulé des jours heureux jusqu'à sa retraite et ensuite il a été un évêque émérite honoré. La Conférence des évêques de France annonçant son décès en juillet 2018 n'aura bien sûr pas un mot pour cet énorme « accroc » dans son parcours ecclésiastique. Atroce ironie de l'histoire : Pierre Pican était religieux, Salésien de Don Bosco, une congrégation éducative qui depuis le XIXe siècle a fait un travail remarquable en ce domaine sur les cinq continents... L'évêque avait, semble-t-il, oublié le souci des jeunes et des enfants qui était à l'origine de son engagement.

« Autres temps, autres mœurs », me direz-vous. Et vous aurez tort : il n'y a de cela qu'une vingtaine d'années. Et même si alors ce cas vous avait amenés à prendre des dispositions pour empêcher ces dénis de justice, on voit bien que l'ambiance, au fond, n'a pas changé. Pourtant, en novembre 2000, après que Pierre Pican avait été mis en examen, à l'assemblée de Lourdes, vous avez entendu la médecin, philosophe et théologienne Marie-Jo Thiel vous expliquer les dégâts de la pédocriminalité. Ce jour-là, il y a maintenant près de vingt ans, vous-mêmes ou vos prédécesseurs étiez sortis « sonnés ». Parmi vous, il y avait le jeune évêque de Moulins, Mgr Philippe Barbarin et aussi André Fort, alors évêque de Perpignan condamné à huit mois de prison avec sursis pour non-dénonciation de crime pédophile lorsqu'il était évêque d'Orléans. Ces deux-là, comment pourraient-ils dire qu'ils « ne savaient pas » ? Alors, déjà, vous aviez dit que vous ne saviez pas, mais que désormais vous ne laisseriez plus jamais de telles choses advenir. En 2003, vous avez publié la brochure, sérieuse et bien faite, « Lutter contre la pédophilie, repères pour les éducateurs », régulièrement mise à jour depuis lors.

Où est-il, Messieurs, votre sens des responsabilités ? On peut s'interroger. Ainsi, quand le Primat des Gaules, le cardinal Barbarin, est mis en cause pour la non-dénonciation des actes du prêtre Bernard Preynat, il ne démissionne pas, il ne se retire pas. Non, avec un à-propos remarquable, une sensibilité chrétienne pleine de subtilité, en mentionnant qu'une majorité des faits sont prescrits, il ajoute sans vergogne : « Grâce à Dieu. » Il ose mêler Dieu et sa grâce à cette situation horrible qui consiste en l'incapacité de la justice civile d'opérer, précisément à cause du silence dont il s'est rendu coupable comme ses prédécesseurs ! Les bras vous en tombent…

Et le prêtre en question est toujours prêtre. Et l'évêque en question est toujours évêque.

Celui-là est en procès canonique, celui-ci en procès pénal. En tant que citoyenne, je veux bien respecter la présomption d'innocence. Mais en tant que catholique, je dis que ces hommes sont réputés avoir non seulement une conscience mais aussi le sens des responsabilités dans l'Église. Ne se rendent-ils pas compte qu'ils sont des contre-témoignages à la vérité ? Et comment comprendre qu'ils puissent trouver des raisons de se maintenir à leur poste alors que le contrat de confiance avec « leur peuple » est rompu ?

Messieurs, l'heure est tellement grave qu'il est temps d'en finir avec la sacro-sainte solidarité des princes et petits seigneurs de l'Église, des Excellences et des Monseigneurs : que ceux d'entre vous qui n'ont pas trempé dans de telles opérations d'omertà le disent aux coupables. J'ose croire que ni vous ni eux n'êtes avides des honneurs du monde. Alors dites-le à ceux qui s'accrochent à leur fonction comme s'ils en avaient hérité de Dieu même. Dites-leur que la mitre qu'ils portent n'est ni un trophée ni une couronne, elle rappelle que vous vivez « sous l'Évangile », que c'est à cette Parole que vous êtes soumis. Dites-leur que vous portez tous un anneau, signe de l'alliance que vous nouez avec le peuple de votre diocèse. Vous vous devez à lui, à l'annonce de l'Évangile, pas à une vaine gloire et pas même à la défense de votre innocence. Dites-leur que la crosse qu'ils tiennent n'est pas un symbole de pouvoir, mais le bâton du bon berger qui protège et défend son troupeau. Qu'en font-ils, de ce symbole, quand il n'y a plus de confiance parce que le berger a laissé un loup au milieu des agneaux et l'a déplacé de bergerie en bergerie ? Si ce ne sont pas les gloires et les honneurs du monde qui les guident mais le service de l'Évangile, comment peuvent-ils, dans une telle situation, imaginer continuer à prendre soin de ceux et celles qui leur ont été confiés ? Les ministres de la République jugent qu'ils ne peuvent plus exercer leur charge quand des soupçons pèsent sur eux. Et eux, dont la charge est lourde d'une telle responsabilité spirituelle, ils le pourraient ?

Messieurs, écoutez sur ce point crucial la

voix du bon sens et de la sagesse : bien des fois, vous avez invoqué les mots du grand discours d'adieu de Jésus dans l'Évangile de Jean : « Vous êtes dans le monde mais vous n'êtes pas du monde. » Est-ce que cela signifie que vous devez être moins rigoureux, moins vertueux que tant de femmes et d'hommes publics qui démissionnent plutôt que de mettre en danger leur charge ? Ils et elles pensent que le devoir à l'égard du service public passe avant leur intérêt, leur carrière, leurs ambitions. Oh, je sais, vous direz qu'ils et elles le font de mauvaise grâce, parce que l'opinion publique les y contraint. Peut-être, mais ils et elles le font. Pas vous ! Une pétition lancée par un prêtre a demandé la démission du cardinal Barbarin. Plus de cent mille personnes l'ont signée... sans que cela produise le moindre effet. Parce que vous n'êtes pas « du monde », vous pouvez négliger l'opinion. À moins que vous ne pensiez, comme je le disais, tenir votre charge de Dieu lui-même et n'avoir de comptes à rendre qu'à lui ? Peut-être est-ce là l'explication ; vous croyez peut-être que Dieu vous a délégué sa toute-puissance et que vous n'êtes plus redevable de la justice ordinaire, celle des hommes.

Non seulement vous n'avez pas de circonstances atténuantes, mais vous avez même des circonstances aggravantes parce que vous vous êtes présentés comme des experts en matière de moralité sexuelle. Depuis des décennies, vous n'avez cessé d'expliquer à temps et à contretemps que vous saviez quelle conduite sexuelle il fallait tenir. Si l'on s'étonnait que des hommes célibataires, sans enfants, trouvent naturel de s'immiscer dans la vie privée des gens, d'ouvrir la porte des chambres à coucher, de soulever les couettes des couples, vous vous posiez en parangons de vertu. Votre engagement à vivre dans la continence vous permettait, disiez-vous, d'être des juges d'autant plus intègres que vous n'étiez pas partie. Vous pouviez dire le bien parce qu'étant abstinents, vous ne pouviez faire le mal. Vous avez ainsi jeté l'opprobre sur les couples qui ne pratiquaient pas les méthodes de contraception que vous appelez « naturelles », au motif que si les époux pouvaient avoir une activité sexuelle quand ils voulaient, ils allaient s'abandonner à la concupiscence et à la recherche effrénée du plaisir. Vous avez expliqué que celui ou celle qui, après la rupture d'un premier mariage, s'engageait dans un nouveau lien tombait sous le coup du péché d'adultère. Le seul moyen d'y échapper était selon vous de se quitter ou de vivre sous le même toit « comme frère et sœur », c'est-à-dire sans contacts sexuels.

Il vous a fallu des années et de douloureuses contorsions pour finalement admettre du bout des lèvres que mettre un préservatif valait mieux que transmettre une maladie mortelle, et ceci même au sein d'un couple hétérosexuel légitimement marié. Vous avez même osé dire que la simple obtention d'un échantillon de sperme en vue d'une vérification de fertilité était condamnable parce qu'elle obligeait à recourir à la masturbation ! Et je ne parle même pas de votre jugement sur l'homosexualité, que le Catéchisme décrit comme « intrinsèquement désordonnée ».

Vous avez plongé des millions et des millions d'honnêtes hommes et femmes dans la culpabilité. Vous les avez jetés dans le doute, dans la désobéissance à ce que vous présentiez comme « le plan de Dieu ». Vous en avez entraîné des millions à choisir entre vos règles et leur conscience. Heureusement, beaucoup maintenant s'en libèrent. Et c'est heureux. Mais, en choisissant leur conscience, beaucoup d'entre eux et d'entre elles ont quitté les églises dans lesquelles ils et elles se sentaient jugés. Et combien ont voulu épargner de tels choix à leurs enfants, en ne leur transmettant tout simplement pas l'éducation qu'ils avaient reçue ?

Tout cela, vous le savez, vous l'avez observé. Et tous ces hommes et ces femmes découvrent que, pendant ce temps, des prêtres abusaient des enfants et n'étaient pas inquiétés. Les mêmes évêques qui avaient tant à dire sur la sexualité des couples n'étaient pas capables de défendre les enfants contre des prêtres prédateurs.

Messieurs, les responsables de l'Église catholiques, écoutez la colère qui gronde !

Elle est puissante. Craignez que les paroles de Jésus dans l'Évangile ne vous soient adressées : « De la mesure dont vous mesurez on mesurera pour vous en retour. »

8.

De l'urgence

> « Tu es Pierre, sur cette pierre, je bâtirai mon Église, et les portes de l'Hadès ne prévaudront pas contre elle. »
>
> Évangile de Matthieu 16, 18

La base de la coupole de la basilique Saint-Pierre à Rome est ornée en lettres majuscules de la phrase latine « *Tu es Petrus* », tu es Pierre, référence à une scène rapportée par l'Évangile de Matthieu. Jésus demande à ses disciples ce que les gens disent de lui. Pierre, l'un des Douze, répond : « Tu es le Christ, le Fils du Dieu vivant. » Jésus félicite Pierre et fait cette promesse en forme de jeu de mots : « Tu es Pierre, sur cette pierre, je bâtirai mon Église, et les portes de l'Hadès ne prévaudront pas contre elle. »

Vous le savez, Messieurs, dans la tradition catholique, cette phrase est sans cesse invoquée, d'une part pour justifier la place prééminente du pape, réputé être successeur de Pierre, et d'autre part pour rassurer les uns et les autres sur le fait que, malgré les difficultés et les scandales, l'Église catholique ne périra pas et ne sera pas engloutie dans le séjour des morts, l'Hadès.

On peut discuter longuement de ce que Jésus a réellement voulu dire, et depuis des siècles, savants et théologiens s'y emploient – vous-mêmes, peut-être vous êtes-vous adonnés à cet exercice exégétique incontournable pour un prélat. Ce qui est certain, et même les plus conservateurs d'entre vous pourraient l'admettre, c'est que si Jésus a réellement employé en son temps le mot « Église » – et c'est l'unique occurrence dans sa bouche, selon les Évangiles – il ne désignait évidemment pas la structure vaticano-catholique que nous connaissons aujourd'hui. Le mot grec est *ecclesia*. Il désigne une grande assemblée convoquée et traduit le terme hébreu *kahal* ou *kehilla*, qui désigne l'assemblée solennelle du peuple d'Israël. L'Église que désigne Jésus est ce rassemblement de tout le peuple appelé par son Dieu et la pierre fondatrice en est la confession de foi de Pierre qui est aussi celle des premières communautés croyantes : Jésus est le Christ, le fils de Dieu, le sauveur.

Je vous pose la question, car elle me taraude aujourd'hui comme elle angoisse de plus en plus de catholiques : peut-on conclure de ce qui précède que l'édifice de la catholicité tel que nous le connaissons aujourd'hui est garanti pour l'éternité par Jésus (c'est-à-dire par Dieu lui-même) de la faillite ordinaire des organisations humaines, lesquelles sont, comme les civilisations, mortelles ? Personnellement, je dirais qu'il y a là un très grand pas, trop grand, que je ne franchirai pas.

Croire que l'institution catholique romaine

n'a rien à craindre, qu'il ne peut rien lui arriver et que la situation actuelle n'est qu'une crise parmi d'autres, comme l'Église en a déjà tant traversé relève de la pensée magique, pas de la foi. Ceux qui veulent croire au Père Noël devraient d'ailleurs feuilleter leur Évangile. Ils y découvriraient cette autre phrase de Jésus : « Mais le Fils de l'homme, quand il viendra, trouvera-t-il la foi sur la terre ? » (Luc 18, 8). Le doute s'insinue ; se pourrait-il que tout s'efface et « qu'à la fin des temps », il n'y ait plus trace du christianisme ? Puisque Jésus lui-même pose la question, nous sommes tenus de la prendre au sérieux.

Messieurs les responsables de l'Église catholique, qui allez-vous croire ? Luc ou Matthieu ? Et même si vous préférez Matthieu, êtes-vous certains que les mots de Jésus empêcheront vos mitres de tomber ? Croyez-vous que la promesse que Jésus fait à « l'Église » vise les hommes en robes rouges et violettes qui marchent à pas comptés sous les ors et les marbres romains ? Croyez-vous que celui qui disait de lui-même : « Le fils de l'homme n'a pas même une pierre ou reposer la tête » protégera le somptueux et baroque amoncellement de pierres que constitue Saint-Pierre de Rome et le Vatican ? Croyez-vous que les mots de Jésus empêcheront les pages du Catéchisme et du code de droit canonique de retourner à la poussière ?

Vous vous dites que l'édifice est solide, qu'il tient depuis deux mille ans, qu'il a survécu à la chute de l'Empire romain, aux invasions barbares, à la poussée de l'islam, à l'humanisme de la Renaissance, à la Réforme protestante, à la Révolution française, au rationalisme et au communisme et qu'il ne va pas périr aujourd'hui à cause de quelques prêtres pervers. Peut-être avez-vous raison mais ce n'est certain car, cette fois, la crise est intérieure. L'Église n'est pas attaquée par un ennemi extérieur. C'est le cœur même du système qui est touché.

Au long des siècles, vous n'avez cessé de privilégier les clercs. Ce fut le cas lors de la grande reprise en main de la réforme grégorienne, à la fin du XIe siècle, et de nouveau au moment de la Contre-Réforme, avec le concile de Trente, au XVIe siècle, pour lutter contre les protestants. L'idée était simple : pouvoir compter sur un clergé dévoué, détaché des intérêts du monde, bien formé, aux mœurs exemplaires. À juste titre, vous avez combattu la corruption, la dépravation des mœurs, l'ignorance. Mais les choix que vos prédécesseurs ont faits, sans doute à juste titre, dans le monde qui était le leur sont-ils pertinents aujourd'hui ?

Tout tient sur le clergé – vous ne l'avez peut-être pas voulu ainsi, c'est un héritage, mais vous l'avez fait vôtre sans bénéfice d'inventaire, en vous voilant la face devant les effets pervers du système. Les trois grandes fonctions de l'Église sont concentrées entre les mains des seuls prêtres de façon totalement exclusive. Ce sont eux qui célèbrent le culte, eux qui ont le privilège de l'enseignement et de la prédication, eux encore qui disposent de l'autorité, qui décident et gouvernent. Célébrer, enseigner, gouverner ; tout est dans les mains d'une minorité, hommes et célibataires, distingués du reste du peuple, séparés du commun par la mystique de la vocation qui les met à part parce que Dieu lui-même les aurait choisis.

Comment ne pas voir que ce modèle clérical est à bout de souffle ? D'ailleurs, depuis des décennies, il est de plus en plus difficile de recruter des prêtres. Les seuls pays qui ne connaissent pas de « crise des vocations » sont ceux où devenir prêtre est encore une assurance de vivre mieux que la moyenne de la population. Partout ailleurs, le déficit se creuse de façon dramatique. Un seul exemple : dans un canton de mon diocèse d'origine (Reims et les Ardennes), là où aujourd'hui on trouve deux prêtres, l'un dans la force de l'âge, l'autre de plus de soixante-quinze ans, on en comptait cent huit avant la Première Guerre mondiale. Et en un siècle, la population n'a pas diminué.

Cet état de fait, vous le connaissez depuis des années et votre seule réponse a été la prière. Prier pour que Dieu « donne » des prêtres. Non seulement Dieu ne semble pas entendre, mais voilà que le modèle d'organisation dans lequel le prêtre est le centre de tout est frappé par le scandale.

Aujourd'hui, le bilan est dramatique. Dire que l'Eglise « traverse » une crise est déjà une vision optimiste car une traversée suppose qu'il y a un rivage sur lequel aborder. Hélas, ce n'est pas du tout certain si le bateau prend l'eau. Vous croyez que je me complais à jouer les Cassandre ? Que je donne dans le catastrophisme pour je ne sais quel profit personnel ? Alors rappelez-vous les mots terribles du futur pape Benoît XVI, lors du chemin de croix au Colisée à Rome en 2005, juste avant son élection : « Que de souillures dans l'Église, et particulièrement parmi ceux qui, dans le sacerdoce, devraient lui appartenir totalement ! Combien d'orgueil et d'autosuffisance ! » Il ajoutait, s'adressant à Dieu : « Ton Église nous semble une barque prête à couler, une barque qui prend l'eau de toutes parts. Et dans ton champ, nous voyons plus d'ivraie que de bon grain. Les vêtements et le visage si sales de ton Église nous effraient. Mais c'est nous-mêmes qui les salissons ! C'est nous-mêmes qui te trahissons chaque fois, après toutes nos belles paroles et nos beaux gestes. » Ces mots avaient semblé à l'époque extrêmement tragiques, et pour tout dire exagérés, grandiloquents, disaient certains. Mais vous savez aujourd'hui que le cardinal Ratzinger n'ignorait rien des scandales qui jusqu'alors avaient été étouffés, avec la bénédiction de Jean Paul II, et qui depuis ont éclaté partout dans le monde. Pourquoi n'avez-vous pas explosé lorsque avez su ? Pourquoi ne pas avoir demandé des comptes lorsque, grâce au cardinal devenu Benoît XVI, ont été révélés les détails abjects de la diabolique carrière de Marcial Maciel, auteur de viols sur des *centaines* de séminaristes en plus d'un demi-siècle ? Comment avez-vous pu accepter qu'on vous ait associés, qu'on vous ai faits côtoyer des monstres pareils ? La vérité est que vous avez manqué de courage – peut-être parce que le ménage aurait impliqué de sortir de vieux dossiers, dans vos diocèses ou chez vos confrères.

Mais les temps ont changé : le peuple de Dieu, ainsi que le pape nomme les catholiques « ordinaires », n'est plus un troupeau sans tête que quelques mots ou concepts savants peuvent impressionner. Nous savons lire et l'Évangile est en vente libre. Nous avons fait des études, et l'école a cultivé notre esprit critique. Nous vivons – sinon partout, du moins dans de grandes parties du monde – dans des États de droit. Les lois de nos pays nous protègent, nous donnons notre avis et choisissons ceux qui nous dirigent dans des cadres démocratiques dans lesquels nos voix comptent. Ceux et celles qui le souhaitent peuvent prétendre à des responsabilités de tous ordres pourvu qu'ils ou elles en aient les compétences ou aient recueilli les suffrages de leurs concitoyens et concitoyennes.

Ceux et celles qui exercent des responsabilités le font dans des formes régulées, contrôlées. Dans le monde « ordinaire », nul pouvoir n'est absolu parce que nous savons que le pouvoir corrompt, c'est pourquoi des mécanismes de contrôle et des contre-pouvoir sont instaurés. Le monde dans lequel nous vivons n'est-il aussi le vôtre ? Pensez-vous vraiment que l'Église va pouvoir se dispenser de l'expertise et de la sagesse des organisations terrestres parce que le Ciel lui-même veillerait sur elle ?

Comme dit le vieux proverbe populaire, « Aide-toi et le ciel t'aidera ». Croire que Dieu veille sur les siens ne dispense pas de tout faire pour remédier aux scandales et aux abus. Tout faire à hauteur des responsabilités humaines et espérer que Dieu fera le reste. Sinon...

9.

Du catholicisme…

> « Mais le Fils de l'homme quand il viendra trouvera-t-il la foi sur la terre ? »
>
> Évangile selon Luc 18, 8.

Nous savons que les civilisations sont mortelles et nombre de religions anciennes ont disparu. Pourquoi serait-il impossible que le christianisme disparaisse ? Et sinon le christianisme, sa forme catholique ?

En 1943, un livre écrit par deux prêtres, Henri Godin et Yvan Daniel, *France, pays de mission ?* a déjà fait sensation. Plus récemment, le grand historien spécialiste de l'histoire de la Réforme et l'un des chefs de file de l'histoire des mentalités religieuses, Jean Delumeau, publie un livre au titre provocant : *Le christianisme va-t-il mourir ?* C'était en 1977, il y a plus de quarante ans. Le constat que les uns et les autres faisaient demeure actuel mais la mise au jour de la lèpre de la pédocriminalité et surtout de sa dissimulation par le système ecclésial fait maintenant trembler sur ses bases un édifice déjà fragilisé. Alors, Messieurs, je vous pose la question : le sens de l'histoire est-il donc contre vous, et est-ce une bonne ou une mauvaise chose ? Le catholicisme risque-t-il de disparaître, par les forces combinées de la sécularisation, de l'individualisme croissant… et de vos impérities ? Beaucoup parmi nos contemporains ont envie de hausser les épaules face à cette éventualité, et pensent ou disent : « Bon débarras, passons à autre chose ! » Eh bien pas moi ! Ma colère contre vos silences coupables vient non seulement du fait qu'il y a des crimes et des victimes à qui justice n'est pas rendue, mais de l'angoisse qui m'étreint quand je pense à tout ce qui pourrait disparaître avec vous.

Car il y a dans la tradition chrétienne du catholicisme quelque chose qui manquerait gravement si elle venait à s'effondrer. Outre ce qu'il a en commun avec les autres confessions, orthodoxie et protestantismes, le catholicisme a des caractéristiques uniques.

Il y a d'abord ce que son nom lui-même indique. Le mot d'origine grecque désigne l'universalité. Il est présent dans le Credo, l'énoncé de la foi commun à tous les chrétiens qui disent croire à l'Église « une, sainte, catholique et apostolique ». Dans ce cadre, le mot ne désigne pas une confession particulière mais bien la caractéristique du christianisme. Mais même si cette vocation à la catholicité est partagée par toutes les Églises chrétiennes, elle donne un accent propre à l'Église catholique qui incarne de façon particulière cette dimension universelle.

Pour le dire plus clairement, il n'y a pas de nationalisme dans le catholicisme. Ou plutôt – soyons modeste –, il y a une moins grande propension au nationalisme que dans les Églises orthodoxes, par principe liées à tel et tel peuple, ou dans les différentes dénominations protestantes, qui se définissent aussi souvent par leur pays d'attache. L'autonomie des Églises locales, c'est peut-être plus sympathique a priori que l'hyper-centralisation catholique, mais ça l'est moins quand les chefs locaux s'acoquinent avec des gouvernements nationalistes, voire belliqueux. Le catholicisme prête moins à ces dérives, puisque dans son principe même il ne connaît pas de frontières et que son omniprésence lui permet d'exalter les valeurs de fraternité universelle. Ainsi, au nom de cette fraternité, le pape François ne cesse d'alerter aussi bien sur le devoir d'humanité et d'hospitalité à l'égard des migrants que sur l'attention que nous devons à la Terre afin de la maintenir habitable et hospitalière pour tous, en particulier pour les générations à venir. Cette dimension d'universalité et d'hospitalité n'est pas exclusive du catholicisme mais elle en est une dimension puissante.

Une autre facette précieuse du catholicisme est son savoir-faire en matière de célébration. Et je dois reconnaître, Messieurs, que beaucoup d'entre vous savent y faire dans cet art du rite. Vous portez une tradition ancienne et riche, un savoir séculaire, qui n'a cessé de se renouveler et de se réinventer. Pour accompagner cet art de la célébration, une culture spécifique s'est développée d'abord dans l'infinie richesse architecturale des lieux de culte que sont les églises, de la minuscule chapelle rurale à l'extravagance des grands édifices baroques en passant par les grands vaisseaux romans et les étourdissantes élévations gothiques. Il y en a pour tous les goûts, pour toutes les sensibilités. Qui n'est pas impressionné ou bouleversé par ces dentelles de pierre, par l'alchimie de la lumière filtrée pas les vitraux ? Et pour faire vibrer ces prodigieuses nefs, la tradition religieuse a produit d'innombrables chefs-d'œuvre musicaux qui ravissent le cœur et l'âme. On objectera que Jean-Sébastien Bach était luthérien, et c'est exact. Rembrandt aussi, certes, et je n'oublie pas l'art lumineux des icônes chez les orthodoxes. Je ne prétends ni que le talent architectural ni que la beauté artistique soient l'exclusif apanage du catholicisme, mais ils en sont l'un des puissants attraits.

Bien sûr, l'effacement de la tradition catholique ne ferait disparaître ni les cathédrales, ni les Fra Angelico, ni les Requiem mais il les ferait passer d'une tradition vivante au musée ; une partie de notre patrimoine spirituel et artistique deviendrait une langue morte et ça, je ne m'y résouds pas.

Et les sacrements, et la messe ! C'est ça aussi le catholicisme. Bien sûr, ce n'est pas absent des autres confessions chrétiennes, mais cela tient dans le catholicisme une immense place et c'est l'une de ses plus grandes richesses.

Le catholicisme porte aussi l'immense engagement caritatif de grandes ONG comme le Secours catholique-Caritas ou le CCFD (Comité de lutte contre la faim et pour le développement). On peut espérer que cet exercice précieux de la fraternité qui appartient si fortement à la tradition chrétienne la plus antique ne s'éteindrait pas avec l'affaiblissement de l'expression catholique du christianisme. Mais souvenons-nous que la moitié des chrétiens dans le monde sont des catholiques. La perte de vitalité et de crédibilité du catholicisme entraînerait une perte de l'influence du christianisme dans le monde. Il n'y a pas lieu ici de faire l'inventaire du « génie du christianisme », mais c'est à lui que l'on doit la conviction de la fraternité de tous les humains, de leur égale dignité, quelle que soit leur richesse ou leur élévation sociale. Il y a des sujets sur lesquels Jésus a été entendu ; par exemple lorsqu'il admoneste les bien-pensants de l'époque en leur disant que les prostituées et les voleurs les précédent dans le Royaume de Dieu ou qu'il ridiculise ceux qui recherchent les honneurs, lorsqu'il proclame que les premiers ici-bas seront les derniers. Il y a dans le christianisme une puissance de subversion de l'ordre établi et une préférence pour les faibles et les pauvres, que les rois, les princes et les tyrans... et même les papes, n'ont jamais réussi à étouffer.

Maintenant, Messieurs les responsables de l'Église catholique, l'heure est grave ; vous avez accusé la « modernité », et aujourd'hui la post-modernité, d'être la cause de la perte d'influence du catholicisme. Vos prédécesseurs avaient blâmé le monde et son aspiration à la liberté, à l'émancipation, vilipendé la technique et le progrès matériel, soupçonné la science de vouloir remplacer Dieu. Mais aujourd'hui, c'est vous qui êtes la cause de la chute, vous ne pouvez vous en prendre qu'à vous-mêmes. Le catholicisme tel que nous le connaissons aujourd'hui s'appuie entièrement sur son clergé, prêtres et évêques. Et c'est leur fragilité qui menace sa survie. Le pape François pointe le « cléricalisme » Mais le cléricalisme, Messieurs, c'est vous ! Vous qui avez confisqué tous les rôles, père, mère, maîtres, savants. Vous savez tout, vous dirigez tout, vous décidez tout. Voyez le résultat ! Vous avez failli, dissimulé, menti, blessé, et pire que tout, vous ne vous en êtes pas rendu compte.

Dans le monde du travail, vous seriez licenciés pour faute grave. Si vous étiez dirigeants d'entreprise, vos actionnaires vous débarqueraient. Dans une démocratie, vous ne pourriez même pas envisager de vous représenter aux élections.

Désormais, la question est posée : comment reconstruire le catholicisme en éradiquant le cléricalisme ?

Posé ainsi, le problème ressemble un peu à la quadrature du cercle puisque l'existence d'un clergé qui célèbre le culte et les sacrements est l'une des principales caractéristiques du catholicisme. La seule solution est de « décléricaliser » le clergé afin de faire cesser autant que possible cet exercice déviant de l'autorité.

10.

De l'avenir

> « Le Royaume de Dieu vous sera retiré pour être confié à un peuple qui lui fera produire ses fruits. »
>
> Matthieu 21, 43-44

Que peut-on faire ? Messieurs, compte tenu de l'étendue du désastre, je ne suis pas certaine de devoir m'adresser à vous. Je crains que ces mots de Jésus s'adressant aux responsables religieux de son temps ne soient pour vous.

Depuis des décennies maintenant, on documente ce qu'on nomme « crise des vocations ». Soyons clair : quand une organisation quelle qu'elle soit ne réussit plus à recruter son personnel d'encadrement, la question de sa survie est engagée.

Depuis longtemps vous auriez pu, vous auriez dû, prendre des décisions, au lieu de vous lamenter sur le manque de prêtres et l'indifférence religieuse. Il est désormais trop tard pour les replâtrages. Consentir à choisir des prêtres parmi les hommes mariés ne serait qu'une brève bouffée d'oxygène si le système ne se réforme pas profondément. Quel homme, quel père de famille, quelle femme, quelle famille, quels enfants supporteraient que leur époux et père vive la vie des prêtres d'aujourd'hui ? C'est l'un des arguments en faveur du célibat ; l'impossibilité de mener de front une vie de famille équilibrée et la vie d'un prêtre. Mais se demande-t-on si, aujourd'hui, la vie des prêtres est équilibrée, si elle est humaine et épanouissante ? La première chose à faire est de rendre la vie des prêtres à la norme humaine ordinaire. Pour être un être humain heureux, il faut avoir le temps d'aimer, de se cultiver, d'avoir des amis, de rêver, de se détendre, de faire du sport, de prendre des vacances. Il faut pouvoir faire des projets d'avenir, et même avoir le droit de changer de vie parce que la vie humaine, aujourd'hui, est longue, et c'est très bien.

Les prêtres ne cessent de répéter que leur engagement n'est pas de l'ordre du travail mais du service. Prenons-les au mot. Choisissons les prêtres parmi les personnes qui ont un travail et qui sont disposées à rendre ce service. Quel service ? Celui de la communauté croyante qui se rassemble, qui prie et célèbre dans les moments de joie ou dans la peine. Cette communauté, il faut quelqu'un pour la rassembler et la présider ; pour ouvrir les bras et dire soyez les bienvenus, soyez accueillis au nom du Père, du Fils et du Saint-Esprit. C'est tout simple et indispensable. Faut-il pour autant que cela soit une occupation à plein temps ? Un choix de vie, oui, mais un choix pour la vie, est-ce impératif ? En désignant ainsi des personnes qui n'en feront pas profession mais qui donneront de leur temps, on rendra les « prêtres » bien plus proches des gens, et aussi bien plus disponibles que les prêtres actuels, surchargés de travail et épuisés.

Dira-t-on qu'il sera plus difficile de trouver un chrétien ou une chrétienne qui accepterait, non « pour toujours » mais pour un temps, de recevoir la mission de présider la paroisse ? Il faudra bien sûr un peu de formation et d'apprentissage. Mais qui osera prétendre qu'il est nécessaire de passer sept ans à plein temps dans un séminaire pour célébrer la messe avec dignité et piété, pour bien accueillir les couples qui veulent que leur amour et leur projet de vie soient bénis et mis sous le regard de Dieu ou pour baptiser les petits enfants ?

Bien des hommes, bien des femmes seront capables de faire cela parfaitement. D'ailleurs, faute de prêtres, dans bien des endroits déjà, ce sont des hommes ou des femmes qui ont délégation pour célébrer les obsèques et tout le monde s'en trouve très bien.

Ah, je vous entends déjà vous récrier ! Nous y voilà donc, vous voulez que des femmes soient prêtres, c'est donc cela votre but ?

Allons, Messieurs, soyons sérieux, la question n'est pas là. Elle est bien plus grave. Qui peut aujourd'hui soutenir qu'il puisse y avoir une quelconque raison pour exclure les femmes de telle ou telle responsabilité ? À ce compte, pourquoi ne pas continuer à défendre l'esclavage et la ségrégation raciale ?

Que vous, Messieurs les responsables de l'Église catholique, osiez encore aujourd'hui prétendre que vous tenez de Dieu lui-même des raisons d'exclure les femmes est juste inconcevable. Que vos grands-pères ou vos pères aient pu le penser, on peut le comprendre. Le monde dans lequel ils vivaient, dans lequel ils avaient été éduqués était profondément masculiniste et sexiste. Mais vous, Messieurs, vous, hommes de la fin de la deuxième décennie du XXIe siècle, comment pouvez-vous encore… ?

Je connais vos arguments, Jésus n'a choisi que des hommes, bla bla bla… Vous savez bien que le raisonnement est faux, qu'il ne tient pas. Vous faites porter à Jésus des intentions qu'il n'a jamais exprimées. Vous savez qu'il n'a pas choisi de prêtres et que la figure chrétienne des prêtres ne trouve pas son origine dans l'Évangile mais dans la pratique des premiers siècles. Si Jésus a choisi douze hommes autour de lui, c'était pour figurer le peuple renouvelé. Ils sont douze, comme les douze fils de Jacob, à l'origine du peuple d'Israël. Les Douze ne sont pas la figure des prêtres, ils sont la figure du peuple, du peuple tout entier, des fils et filles d'Abraham, d'Isaac et de Jacob, qui deviennent frères et sœurs de Jésus et par cette fraternité, enfants du Père, enfants de Dieu.

Vous avez confisqué ce qui était le bien de tous et de toutes pour en faire votre privilège. Un privilège qui a fait de vous des « mis à part », dont vous avez exclu les autres hommes et toutes les femmes. Que vos prédécesseurs aient cru légitime de le faire en des temps où les femmes n'avaient aucun accès à la vie publique, au travail autre que domestique, aux études, on peut le comprendre, mais vous… Est-ce que vos mères ne valent pas vos pères, est-ce que vos sœurs ne valent pas vos frères ? Vos nièces ont-elles moins de talent, moins de compétences, moins d'intelligence que vos neveux ? Et ne nous racontez pas vos histoires de complémentarité. Ce ne sont que de pauvres cache-sexes, qui dissimulent mal la faiblesse de vos arguments.

À moins que vous ne pensiez, au fond, que les femmes ne peuvent pas toucher le sacré, qu'elles sont « impures » parce que leur sang coule chaque mois ou pécheresses parce que « filles d'Ève ». Quand les arguments de raison ne tiennent pas, il faut chercher dans des motifs plus archaïques, plus irrationnels.

L'avenir appartient au peuple de Dieu, c'est vers lui que le pape François s'est tourné, désespéré de trouver auprès de vous un sursaut, une volonté… peut-être tout simplement la foi, et surtout l'envie joyeuse de la partager. Parce que la foi, ce n'est pas cette espèce de discours moralisant que vous portez sur toutes choses. La foi, c'est ce qui fait courir Marie de Magdala au matin de Pâques pour annoncer à tous : « J'ai vu le Seigneur, il est vivant. » La foi est une folie, Paul le tout premier le dit. Et vous, vous processionnez à petits pas, couverts de dentelles, de pourpre, d'or et de broderies.

Mais rassurez-vous, je n'envisage pas de supprimer l'épiscopat. S'il fait son boulot, l'évêque est utile. Précisément s'il est l'épiscope, celui qui veille sur une portion de l'Église, qui surveille, « epi-scope », qui regarde à l'entour ou tout autour. Toutes les communautés humaines ont besoin de ce regard de surveillance et de régulation. La mitre, le bâton, les dentelles et les dorures ne sont pas nécessaires mais le regard, oui. Pas un regard de « père », comme vous vous plaisez à le répéter. Non, un regard de frère (ou de sœur) à qui on confie la responsabilité de veiller au grain, de mettre d'accord ceux qui se querellent, de vérifier les compétences de ceux et celles à qui les paroisses sont confiées, qui les aide à demeurer dans le service et non dans le pouvoir.

Le mieux serait que vous soyez élus par ceux et celles qui vont avoir besoin de vous. Ne vous récriez pas, ça s'est passé ainsi pendant des siècles. Alors que les sociétés civiles ne connaissaient que la force, les intrigues de cour, les successions sanglantes, il n'en était pas ainsi parmi les chrétiens. Et maintenant que la démocratie gagne du terrain partout, les évêques seraient choisis par le fait du prince ? Avouez que c'est assez singulier.

Cet ou cette évêque aura la charge de confirmer les nominations des présidents et présidentes de communautés, les curés. Il lui faudra aussi valider la formation de ceux et celles qui auront la charge de la transmission du savoir, qui connaîtront la Bible et la doctrine. On les appellera savants, docteurs, enseignants, experts, peu importe. Hommes ou femmes, ils auront des grades validés par les universités.

Et le célibat, demanderez-vous, que restera-t-il du célibat ? Eh bien, ce ne sera plus une obligation, une condition pour accéder à telle ou telle responsabilité. Il sera réservé à ceux et celles qui en auront la vocation spécifique. Un tel engagement ne se prendra pas à la légère, et pas forcément pour la vie entière. Après tout, on peut s'engager au célibat pendant dix ans puis désirer entrer dans une vie conjugale et familiale. Mais une chose est certaine, le célibat ne doit pas être synonyme de solitude. Les hommes et les femmes qui choisiront de s'engager dans le célibat pour un temps ou pour la vie devront le faire dans le cadre d'une vie religieuse communautaire et fraternelle.

Tout ceci est bien sûr esquissé à grands traits. Il faudra réfléchir, préciser, affiner. Mais l'essentiel est de rompre la séparation entre les clercs et le reste des baptisés qui aujourd'hui sont considérés comme un vulgaire troupeau sans tête et sans intelligence. Je ne fais au fond que suivre la pensée du pape François qui veut liquider le cléricalisme. François dit une chose importante : le cléricalisme n'est pas le fait exclusif des prêtres et des évêques. Il se déploie avec la complicité de ceux et celles qui préfèrent se laisser conduire comme des moutons sans cervelle, qui abdiquent leur intelligence et leur liberté.

Allez, la crise que nous traversons est grave, très grave, sans doute une des plus graves à laquelle nous avons jamais fait face. Quelque chose est en train de mourir, de disparaître. Mais nous sommes chrétiens, vous et moi, nous savons, nous croyons, que la mort n'a pas le dernier mot, qu'elle n'est pas le point final de l'histoire. Ne faut-il pas que le grain meure pour qu'il donne du fruit ? C'est là le cœur de notre foi : la mort est toujours le début de la résurrection.

ANNEXES

1.

Lettre du pape François au peuple de Dieu

« Si un membre souffre, tous les membres souffrent avec lui » (Cor 12, 26). Ces paroles de saint Paul résonnent avec force en mon cœur alors que je constate, une fois encore, la souffrance vécue par de nombreux mineurs à cause d'abus sexuels, d'abus de pouvoir et de conscience, commis par un nombre important de clercs et de personnes consacrées. Un crime qui génère de profondes blessures faites de douleur et d'impuissance, en premier lieu chez les victimes, mais aussi chez leurs proches et dans toute la communauté, qu'elle soit composée de croyants ou d'incroyants. Considérant le passé, ce que l'on peut faire pour demander pardon et réparation du dommage causé ne sera jamais suffisant. Considérant l'avenir, rien ne doit être négligé pour promouvoir une culture capable non seulement de faire en sorte que de telles situations ne se reproduisent pas mais encore que celles-ci ne puissent trouver de terrains propices pour être dissimulées et perpétuées. La douleur des victimes et de leurs familles est aussi notre douleur ; pour cette raison, il est urgent de réaffirmer une fois encore notre engagement pour garantir la protection des mineurs et des adultes vulnérables.

1. Si un membre souffre

Ces derniers jours est paru un rapport détaillant le vécu d'au moins mille personnes qui ont été victimes d'abus sexuels, d'abus de pouvoir et de conscience, perpétrés par des prêtres pendant à peu près soixante-dix ans. Bien qu'on puisse dire que la majorité des cas appartient au passé, la douleur de nombre de ces victimes nous est parvenue au cours du temps et nous pouvons constater que les blessures infligées ne disparaissent jamais, ce qui nous oblige à condamner avec force ces atrocités et à redoubler d'efforts pour éradiquer cette culture de mort, les blessures ne connaissent jamais de "prescription". La douleur de ces victimes est une plainte qui monte vers le ciel, qui pénètre jusqu'à l'âme et qui, durant trop longtemps, a été ignorée, silencieuse ou passé sous silence. Mais leur cri a été plus fort que toutes les mesures qui ont entendu le réprimer ou bien qui, en même temps, prétendaient le faire cesser en prenant des décisions qui en augmentaient la gravité jusqu'à tomber dans la complicité. Un cri qui fut entendu par le Seigneur en nous montrant une fois encore de quel côté il veut se tenir. Le Cantique de Marie ne dit pas autre chose et comme un arrière-fond, continue à parcourir l'histoire parce que le Seigneur se souvient de la promesse faite à nos pères : "Il disperse les superbes. Il renverse les puissants de leurs trônes, il élève les humbles. Il comble de biens les affamés, renvoie les riches les mains vides" (Lc 1, 51-53) ; et nous ressentons de la honte lorsque nous constatons que notre style de vie a démenti et dément ce que notre voix proclame.

Avec honte et repentir, en tant que communauté ecclésiale, nous reconnaissons que nous n'avons pas su être là où nous le devions, que nous n'avons pas agi en temps voulu en reconnaissant l'ampleur et la gravité du dommage qui était infligé à tant de vies. Nous avons négligé et abandonné les petits. Je fais miennes les paroles de l'alors cardinal Ratzinger lorsque, durant le Chemin de Croix écrit pour le Vendredi Saint de 2005, il s'unit au cri de douleur de tant de victimes en disant avec force : "Que de souillures dans l'Église, et particulièrement parmi ceux qui, dans le sacerdoce, devraient lui appartenir totalement ! Combien d'orgueil et d'autosuffisance ! [...] La trahison des disciples, la réception indigne de son Corps et de son Sang sont certainement les plus grandes souffrances du Rédempteur, celles qui lui transpercent le cœur. Il ne nous reste plus qu'à lui adresser, du plus profond de notre âme, ce cri : Kyrie, eleison – Seigneur, sauve-nous (cf. Mt 8, 25)" (Neuvième Station).

2. Tous les membres souffrent avec lui

L'ampleur et la gravité des faits exigent que nous réagissions de manière globale et communautaire. S'il est important et nécessaire pour tout chemin de conversion de prendre connaissance de ce qui s'est passé, cela n'est pourtant pas suffisant. Aujourd'hui nous avons à relever le défi en tant que peuple de Dieu d'assumer la douleur de nos frères blessés dans leur chair et dans leur esprit. Si par le passé l'omission a pu être tenue pour une forme de réponse, nous voulons aujourd'hui que la solidarité, entendue dans son acception plus profonde et exigeante, caractérise notre façon de bâtir le présent et l'avenir, en un espace où les conflits, les tensions et surtout les victimes de tout type d'abus puissent trouver une main tendue qui les protège et les sauve de leur douleur (Cf. Exhort. ap. *Evangelii Gaudium*, n.228). Cette solidarité à son tour exige de nous que nous dénoncions tout ce qui met en péril l'intégrité de toute personne. Solidarité qui demande de lutter contre tout type de corruption, spécialement la corruption spirituelle, “car il s'agit d'un aveuglement confortable et autosuffisant où tout finit par sembler licite : la tromperie, la calomnie, l'égoïsme et d'autres formes subtiles d'autoréférentialité, puisque Satan lui-même se déguise en ange de lumière (2 Co 11,14)” (Exhort. ap. *Gaudete et Exsultate*, n.165). L'appel de saint Paul à souffrir avec celui qui souffre est le meilleur remède contre toute volonté de continuer à reproduire entre nous les paroles de Caïn :

"Est-ce que je suis, moi, le gardien de mon frère ?" (Gn 4,9).

Je suis conscient de l'effort et du travail réalisés en différentes parties du monde pour garantir et créer les médiations nécessaires pour apporter sécurité et protéger l'intégrité des mineurs et des adultes vulnérables, ainsi que de la mise en œuvre de la tolérance zéro et des façons de rendre compte de la part de tous ceux qui commettent ou dissimulent ces délits. Nous avons tardé dans l'application de ces mesures et sanctions si nécessaires, mais j'ai la conviction qu'elles aideront à garantir une plus grande culture de la protection pour le présent et l'avenir.

Conjointement à ces efforts, il est nécessaire que chaque baptisé se sente engagé dans la transformation ecclésiale et sociale dont nous avons tant besoin. Une telle transformation nécessite la conversion personnelle et communautaire et nous pousse à regarder dans la même direction que celle indiquée par le Seigneur. Ainsi saint Jean-Paul II se plaisait à dire : "Si nous sommes vraiment repartis de la contemplation du Christ, nous devrons savoir le découvrir surtout dans le visage de ceux auxquels il a voulu lui-même s'identifier" (Lett. ap. *Novo Millenio Ineunte*, n.49). Apprendre à regarder dans la même direction que le Seigneur, à être là où le Seigneur désire que nous soyons, à convertir notre cœur en sa présence. Pour cela, la prière et la pénitence nous aideront. J'invite tout le saint peuple fidèle de Dieu à l'exercice pénitentiel de la prière et du jeûne, conformément au commandement du Seigneur[1], pour réveiller notre conscience, notre solidarité et notre engagement en faveur d'une culture de la protection et du “jamais plus” à tout type et forme d'abus.

Il est impossible d'imaginer une conversion de l'agir ecclésial sans la participation active de toutes les composantes du peuple de Dieu. Plus encore, chaque fois que nous avons tenté de supplanter, de faire taire, d'ignorer, de réduire le peuple de Dieu à de petites élites, nous avons construit des communautés, des projets, des choix théologiques, des spiritualités et des structures sans racine, sans mémoire, sans visage, sans corps et, en définitive, sans vie[2]. Cela se manifeste clairement dans une manière déviante de

1. « Mais cette sorte de démons ne se chasse que par la prière et par le jeûne » (Mt 17,21).

2. Cf. Lettre au peuple de Dieu en marche au Chili, 31 mai 2018.

concevoir l'autorité dans l'Église – si commune dans nombre de communautés dans lesquelles se sont vérifiés des abus sexuels, des abus de pouvoir et de conscience – comme l'est le cléricalisme, cette attitude qui "annule non seulement la personnalité des chrétiens, mais tend également à diminuer et à sous-évaluer la grâce baptismale que l'Esprit-Saint a placée dans le cœur de notre peuple[1]". Le cléricalisme, favorisé par les prêtres eux-mêmes ou par les laïcs, engendre une scission dans le corps ecclésial qui encourage et aide à perpétuer beaucoup des maux que nous dénonçons aujourd'hui. Dire non aux abus, c'est dire non, de façon catégorique, à toute forme de cléricalisme.

Il est toujours bon de rappeler que le Seigneur, "dans l'histoire du salut, a sauvé un peuple. Il n'y a pas d'identité pleine sans l'appartenance à un peuple. C'est pourquoi personne n'est sauvé seul, en tant qu'individu isolé, mais Dieu nous attire en prenant en compte la trame complexe des relations interpersonnelles qui s'établissent

1. Lettre au cardinal Marc Ouellet, président de la Commission pontificale pour l'Amérique latine, 19 mars 2016.

dans la communauté humaine : Dieu a voulu entrer dans une dynamique populaire, dans la dynamique d'un peuple" (Exhort. ap. *Gaudete et Exsultate*, n.6). Ainsi, le seul chemin que nous ayons pour répondre à ce mal qui a gâché tant de vies est celui d'un devoir qui mobilise chacun et appartient à tous comme peuple de Dieu. Cette conscience de nous sentir membres d'un peuple et d'une histoire commune nous permettra de reconnaître nos péchés et nos erreurs du passé avec une ouverture pénitentielle susceptible de nous laisser renouveler de l'intérieur. Tout ce qui se fait pour éradiquer la culture de l'abus dans nos communautés sans la participation active de tous les membres de l'Église ne réussira pas à créer les dynamiques nécessaires pour obtenir une saine et effective transformation. La dimension pénitentielle du jeûne et de la prière nous aidera en tant que peuple de Dieu à nous mettre face au Seigneur et face à nos frères blessés, comme des pécheurs implorant le pardon et la grâce de la honte et de la conversion, et ainsi à élaborer des actions qui produisent des dynamismes en syntonie avec l'Évangile. Car "chaque fois que nous cherchons à revenir à la source pour récupérer la fraîcheur originale de l'Évangile, surgissent de nouvelles voies, des méthodes créatives, d'autres formes d'expression, des signes plus éloquents, des paroles chargées de sens renouvelé pour le monde d'aujourd'hui" (Exhort. ap. *Evangelii Gaudium*, n.11).

Il est essentiel que, comme Église, nous puissions reconnaître et condamner avec douleur et honte les atrocités commises par des personnes consacrées, par des membres du clergé, mais aussi par tous ceux qui ont la mission de veiller sur les plus vulnérables et de les protéger. Demandons pardon pour nos propres péchés et pour ceux des autres. La conscience du péché nous aide à reconnaître les erreurs, les méfaits et les blessures générés dans le passé et nous donne de nous ouvrir et de nous engager davantage pour le présent sur le chemin d'une conversion renouvelée.

En même temps, la pénitence et la prière nous aideront à sensibiliser nos yeux et notre cœur à la souffrance de l'autre et à vaincre l'appétit de domination et de possession, très souvent à l'origine de ces maux. Que le jeûne et la prière ouvrent nos oreilles à la douleur silencieuse des enfants, des jeunes et des personnes handicapées. Que le jeûne nous donne faim et soif de justice et nous pousse à marcher dans la vérité en soutenant toutes les médiations judiciaires qui sont nécessaires. Un jeûne qui nous secoue et nous fasse nous engager dans la vérité et dans la charité envers tous les hommes de bonne volonté et envers la société en général, afin de lutter contre tout type d'abus sexuel, d'abus de pouvoir et de conscience.

De cette façon, nous pourrons rendre transparente la vocation à laquelle nous avons été appelés d'être “le signe et le moyen de l'union intime avec Dieu et de l'unité de tout le genre humain” (Conc. Œcum. Vat. II, *Lumen Gentium*, n.1).

“Si un membre souffre, tous les membres souffrent avec lui”, nous disait saint Paul. Au moyen de la prière et de la pénitence, nous pourrons entrer en syntonie personnelle et communautaire avec cette exhortation afin que grandisse parmi nous le don de la compassion, de la justice, de la prévention et de la réparation. Marie a su se tenir au pied de la croix de son fils. Elle ne l'a pas fait de n'importe quelle manière mais bien en se tenant fermement debout et à son côté. Par cette attitude, elle exprime sa façon de se tenir dans la vie. Lorsque nous faisons l'expérience de la désolation que nous causent ces plaies ecclésiales, avec Marie il est nous bon "de donner plus de temps à la prière" (saint Ignace de Loyola, *Exercices spirituels*, 319), cherchant à grandir davantage dans l'amour et la fidélité à l'Église. Elle, la première disciple, montre à nous tous qui sommes disciples comment nous devons nous comporter face à la souffrance de l'innocent, sans fuir et sans pusillanimité. Contempler Marie c'est apprendre à découvrir où et comment le disciple du Christ doit se tenir.

Que l'Esprit-Saint nous donne la grâce de la conversion et l'onction intérieure pour pouvoir exprimer, devant ces crimes d'abus, notre compassion et notre décision de lutter avec courage.

Du Vatican, le 20 août 2018,
François

2.

Les principales étapes du dévoilement de la pédocriminalité et de sa dissimulation dans l'Église catholique

par Anthony Favier[1]

Le choc de l'enquête du Boston Globe *de 2001*

C'est aux États-Unis, pays marqué par une solide pratique journalistique ainsi que par un pouvoir judiciaire fort et autonome, qu'ont éclaté les premiers scandales. En janvier 2001, au terme d'une minutieuse enquête, le *Boston Globe* révèle comment l'archevêché a couvert, depuis les années 1960, quatre-vingt-dix prêtres impliqués dans des abus sur mineurs. Les journalistes mettent au jour différents éléments, que l'on retrouvera dans d'autres diocèses américains, comme l'emprise d'un clergé puissant sur des familles issues

1. Historien, spécialiste des questions de genre et de sexualité dans l'Église catholique.

de l'immigration italienne, irlandaise ou polonaise ou bien le recours systématique des évêques à des armées de juristes pour étouffer les scandales, notamment avec des accords à l'amiable. Boston marque, en tout cas, le début d'une prise de parole des victimes. Les procès conduisent nombre de diocèses américains (un tiers environ) à faire faillite au cours des années 2000-2010 tant les montants d'indemnisation sont importants...

En 2018, dix-sept ans après Boston, un rapport du grand jury de l'État de Pennsylvanie accable encore, dans huit diocèses, trois cents prêtres auteurs de viols ou d'agressions sur des centaines de mineurs. Pour beaucoup d'observateurs, il est important qu'une enquête soit désormais menée au niveau fédéral sur l'ensemble des diocèses catholiques du pays. Après déjà près de deux décennies de tumulte, l'Église américaine n'est donc pas à l'abri de nouvelles révélations.

La révélation des enquêtes parlementaires et indépendantes ; Canada, Irlande, Australie

Parallèlement à ce qui se passe aux États-Unis, d'anciens dominions de l'Empire britannique deviennent également le théâtre de révélations. On y retrouve la même configuration politico-religieuse historique. Contre l'allégeance des évêques catholiques au régime, l'État a plus ou moins fermé les yeux sur la mainmise du clergé ou des congrégations sur les œuvres sociales. Effectuant un mouvement de retour sur leur passé au cours des années 2000, les sociétés irlandaise, canadienne ou australienne ont demandé aux politiques de faire éclater la vérité. Au Canada, le clergé catholique s'est ainsi retrouvé impliqué, aux côtés de religieux d'autres confessions, dans le scandale des « pensionnats d'indigènes », mis au cœur de l'actualité par la repentance publique du Premier ministre en 2008. Mais c'est l'Irlande qui est allée le plus loin dans le processus de recherche démocratique de la vérité. À l'issue d'un laborieux travail parlementaire de neuf années, une commission publie en 2009 un texte de 2 500 pages connu sous le nom de Rapport Ryan. Ce document détaille des décennies d'abus sexuels, qualifiés d'« endémiques », commis, à partir des années d'indépendance jusqu'aux années 1990, dans les institutions pour enfants catholiques. Sur le même modèle, en Australie, la Commission d'enquête royale sur les réponses institutionnelles aux crimes pédophiles publie en 2017 un rapport lui aussi accablant. Et, en Allemagne, un tout récent rapport universitaire frappe l'Église de plein fouet.

Et dans le monde latin ?

Les Églises latines font-elles figure d'exception ? En France, la condamnation de l'évêque de Bayeux pour non-dénonciation d'un prêtre pédophile, en 2001, montre que quelque chose frémit à l'orée des années 2000. Mais aucune enquête, publique ou ecclésiastique, ne permet d'avoir une idée de l'ampleur des crimes commis. Au nom de la laïcité, les pouvoirs publics rechignent à pousser l'institution à rendre des comptes. L'association La Parole libérée, qui fédère les victimes du père Bernard Preynat, est l'acteur le plus mobilisé dans la collecte de témoignages de victimes. Mais il est difficile de savoir si le prêtre du diocèse de Lyon est une exception ou si des affaires similaires existent ailleurs. En Italie, les accords du Latran protègent encore les ecclésiastiques, qui ne sont pas tenus de dénoncer aux autorités civiles les actes délictueux dont ils ont connaissance dans le cadre de leur ministère… L'horizon s'obscurcit au cours des années 2010 pour le catholicisme latin lorsque des diocèses jusque-là relativement épargnés et situés dans les pays émergents sont touchés. L'Église chilienne sombre à son tour dans la tourmente en 2018, lorsque le parquet général, à partir des plaintes pour abus sexuels de deux cent soixante-dix personnes (dont cent quatre-vingts mineures au moment des faits), place dans son collimateur cent soixante responsables catholiques, majoritairement des prêtres et des évêques. Le malaise s'accroît dans la mesure où se renforce l'idée qu'il s'agit d'un problème systémique que le développement de l'État de droit et les progrès de l'autonomie individuelle mettent inévitablement au jour. De quoi craindre que ce soit dans les Églises jeunes (Asie, Afrique) que se situent les abus d'aujourd'hui et le germe des scandales de demain.

Avec l'aimable autorisation
de *Témoignage Chrétien*

3.

Les causes de la pédophilie des prêtres

par Christine Pedotti

Quelles sont les causes de la pédophilie des prêtres ?

Le propos de ce petit ouvrage n'est pas de s'enflammer contre la pédophilie. La pédophilie est un crime qui doit être condamné comme tel. Hélas, les pervers existent ; il faut s'en protéger et surtout en protéger les enfants. Le scandale qui secoue l'Église catholique n'est pas tant qu'il y ait des prêtres pédophiles mais qu'ils aient été protégés et que le problème ait été nié par ceux qui auraient dû protéger les enfants avant toute autre considération. Ceci étant établi, il reste cependant dans l'esprit du public une série de questions sur la pédophilie des prêtres, sa spécificité et ses causes et il est utile d'essayer d'y répondre.

Y a-t-il davantage de pédophiles chez les prêtres catholiques que dans le reste de la population ?

À cette question, nous n'avons que des réponses très parcellaires. On sait que la majeure partie des crimes de pédophilie sont commis dans le cadre familial par un membre de la famille. L'élément de comparaison, si l'on doit en chercher un, doit plutôt être cherché dans le cadre extra-familial des organisations accueillant des mineurs, Éducation nationale, clubs sportifs, etc. La seule enquête exhaustive dont nous disposons est celle qui a été menée en Australie par la Commission royale. La cartographie de la pédocriminalité a été produite à partir d'un très ample appel aux victimes. Les résultats ont montré que toutes les institutions accueillant des mineurs avaient été gravement défaillantes mais que, parmi elles, l'Église catholique était la plus coupable, puisque les abus avaient été commis à 58 % dans des institutions religieuses, dont 61 % étaient catholiques. Le taux de prêtres pédophiles atteignait 7 % de l'ensemble des prêtres catholiques. Le rapport demandé par l'Église allemande, paru en septembre 2018, établit un taux de 4,4 %, proche du résultat du rapport John Jay datant de 2004 aux États-Unis. Le même rapport établit une spécificité des victimes de pédocriminalité dans l'Église ; à 81 % ce sont des garçons, et dans leur très grande majorité, pubères (moins de 20 % ont moins de dix ans). La pédophilie des prêtres, conclut ce rapport, est une « éphébophilie ».

Le célibat des prêtres est-il en cause ?

Directement non. La pédocriminalité n'est pas une sexualité de substitution, du moins pas aussi simplement que cela. En revanche, l'obligation du célibat peut conduire un certain nombre d'hommes à choisir la prêtrise pour maîtriser des pulsions sexuelles qu'ils ne peuvent assumer. La question de la maturité sexuelle des candidats à la prêtrise est une grave question. Certains peuvent penser qu'ils seront capables d'assumer une situation célibataire parce qu'ils sont dans une sorte d'illusion angélique. Ils pensent que leur idéal religieux, leur grande piété, la hauteur de leurs exigences spirituelles vont les exempter de la question sexuelle. Parce qu'ils se rêvent à demi-anges, le risque est grand qu'ils deviennent à demi-démons.

Il arrive aussi que des jeunes hommes, dont ni la foi ni la piété ne sont à mettre en doute, face à une homosexualité difficile à vivre, soit qu'ils ne puissent se l'avouer à eux-mêmes, soit qu'ils ne veuillent pas se justifier devant leurs parents de ne pas fonder de famille, choisissent d'entrer au séminaire. Cette homosexualité n'est bien entendu pas une cause de pédophilie, mais son refoulement peut entraîner un rapport malsain avec la sexualité.

En tout état de cause, il est certain que l'obligation du célibat n'est pas sans conséquence dans la façon dont les prêtres catholiques considèrent la sexualité. Il est possible que ce soit l'une des raisons pour lesquelles les confrères ou les évêques des prédateurs n'ont pas compris que l'attirance sexuelle pour les enfants était une pulsion criminelle et non une « atteinte à la chasteté ».

Mais le célibat n'a pas seulement une conséquence sur la sexualité, il conduit à une terrible solitude que tous les prêtres sincères reconnaissent. Cette solitude est bien plus grande pour les prêtres que pour les autres célibataires de nos sociétés, hommes et femmes, parce que les prêtres, compte tenu de leur emploi du temps, ont très peu de loisirs ou de détente, très peu de vie amicale. Partout où ils sont, on les regarde comme des hommes à part, comme « M. le Curé ».

Au-delà de l'abstinence sexuelle, il y a très souvent un grand désert affectif. Le prêtre est supposé « aimer tout le monde », mais en fait il n'aime personne en particulier et, même s'il est estimé, il n'est pas aimé pour lui-même, en tant que personne humaine, de chair et de sang. Si un prêtre n'a pas la chance d'avoir une famille aimante, frères et sœurs, neveux et nièces, des amis vraiment proches, à qui pourra-t-il se confier ? Vers qui se tournera-t-il quand, comme tout le monde, il sera un peu malade, un peu angoissé, un peu dépressif ? La chose devient encore plus compliquée lorsqu'il change de paroisse tous les six ou neuf ans, comme c'est le plus souvent le cas dans les diocèses français. Chaque fois, il lui faut quitter ses amis, renouer des liens.

La terrible vérité de la vie des prêtres, surchargés de travail, d'obligations, de réunions, c'est que c'est une vie qui est de moins en moins humaine. Quel être humain pourrait demeurer attentionné et compatissant si personne ne l'est jamais à son égard ? Ainsi, Pierre de Castelet, le prêtre d'Orléans poursuivi pour abus sexuel sur mineur, déclare au tribunal le 30 octobre 2018 : « J'étais demandeur d'affection, j'étais très fatigué et isolé à cette période. » L'aveu est terrible et exemplaire. Évidemment, tout cela, heureusement, ne fait pas de tous les prêtres isolés et dépressifs des pédocriminels, mais il suffit de quelques-uns.

Les prêtres ne sont pas des super-héros, ce sont des êtres humains assez ordinaires et, sauf charisme particulier, la solitude ne leur fait pas de bien. Ils peuvent tenter de se réfugier dans la sphère spirituelle, s'adonner à la prière, dire qu'ils sont « tout donnés au Seigneur », selon l'expression consacrée. La vérité de leur humanité ressurgit. « Il n'est pas bon que l'homme soit seul » : ce sont les mots que l'écrivain biblique fait prononcer à Dieu à l'aube de la Création. Il se pourrait que ce soit vrai.

Y a-t-il un rapport entre la pédophilie des prêtres et l'homosexualité ?

La question n'est pas saugrenue pour deux raisons. La première tient à la réaction du Vatican en la personne du pape Benoît XVI qui, dès le début de son pontificat, en 2005, avait fait publier une instruction sur les critères d'admission des futurs prêtres dans les séminaires qui énonçait les choses ainsi : « L'Église, tout en respectant profondément les personnes concernées, ne peut pas admettre au Séminaire et aux Ordres sacrés ceux qui pratiquent l'homosexualité, présentent des tendances homosexuelles profondément enracinées ou soutiennent ce qu'on appelle la culture gay. »

Sans que cela soit explicitement énoncé, l'instruction faisait clairement un lien entre homosexualité et immaturité affective, laquelle était aussi considérée comme la cause des comportements pédophiles. Le message implicite était bien : pour lutter contre la pédophilie, éliminons les homosexuels des séminaires. Notons au passage que l'un des inspirateurs de ce texte et en particulier de la théorie selon laquelle l'homosexualité serait un signe d'immaturité affective n'est autre que le prêtre-psychanalyste Tony Anatrella – prélat de sa Sainteté, qui lui vaut le titre de Monseigneur – aujourd'hui accusé d'avoir sexuellement abusé de certains de ses patients, et en particulier de prêtres ou de séminaristes mal à l'aise avec leur sexualité. Il a depuis juillet 2018 été interdit d'exercer tout ministère par l'archevêque de Paris Michel Aupetit.

La seconde raison est la proportion très importante de victimes masculines (80 %), qui laisse penser que les prêtres prédateurs présentent une préférence sexuelle pour les garçons.

Lier pédocriminalité et homosexualité est évidemment absurde en général. Un homme homosexuel bien dans sa sexualité n'a a priori aucune raison de se tourner vers des enfants. Son attirance va vers des hommes adultes et consentants. Mais dès lors que l'Église prohibe l'homosexualité, elle introduit un grave désordre dans le psychisme de ses futurs prêtres qui, s'ils sont homosexuels, ne peuvent le dire sans risquer d'être exclus de la formation. Il faut ici préciser que la proportion de prêtres (et par le fait même d'évêques) homosexuels est très supérieure à leur nombre dans la population générale. Les directeurs de séminaires que j'ai interrogés estiment que, depuis vingt-cinq ans, en France, on est passé d'environ un tiers à plus de la moitié de ceux qui se destinent à la prêtrise. Le prêtre et théologien américain Donald Cozzens[1] qui lui aussi a été patron de séminaire, dans un livre daté de 2000, établit la proportion à 50 % ; 90 %, dit-il, dans certains ordres religieux. Pour mémoire, on estime que les personnes homosexuelles représentent 5 à 7 % de la population.

Devant de tels chiffres, on imagine aisément que nombre de prêtres tiennent un double langage. Ils condamnent l'homosexualité conformément à la doctrine officielle et se débrouillent avec leur propre vie. Cette très forte proportion d'hommes homosexuels qui sont obligés de s'en cacher introduit en fait une culture du secret et de la dissimulation qui permet aux comportements réellement criminels de prospérer.

Pour autant, l'homosexualité de certains prêtres n'est en aucun cas la cause de la pédophilie. Il faut le redire haut et fort car les milieux catholiques les plus conservateurs profitent de la crise pédophile pour laisser leur homophobie s'expri-

1. Donald Cozzens, *Le Nouveau Visage des prêtres*, Bayard, 2002.

mer sans retenue. C'est le fond des accusations de l'ancien nonce à Washington, Carlo Maria Viganò, qui pratique l'amalgame entre pratiques homosexuelles et pédocriminalité. La pire chose qui pourrait arriver est que, sous couvert de lutter contre des pratiques criminelles, on ouvre une chasse aux sorcières contre l'homosexualité.

Christine Pedotti

Table

DE LA MÊME AUTEURE

Sous le nom de Christine Pedotti

Jésus, l'homme qui aimait les femmes, Albin Michel, 2017.

La Bible racontée comme un roman, t. 2, XO, 2016.

La Bible racontée comme un roman, t. 1, XO, 2015.

Jésus, cet homme inconnu, XO, 2013.

Faut-il faire Vatican III ?, Tallandier, 2012.

Ce Dieu que j'aime, Mediaspaul, 2012.

La Bataille du Vatican, Plon, 2012.

Direction ou coordination d'ouvrages

Jésus, l'encyclopédie, Albin Michel, 2017.

Théo, l'encyclopédie catholique, nouvelle édition, Mame, 2009.

En collaboration avec Anne Soupa

Les Pieds dans le bénitier, Presses de la Renaissance, 2010.

En collaboration avec Vincent Villeminot

La Longue Patience du sanglier, Plon, 2009.

Sous le nom de Pietro De Paoli

Anticatéchisme pour le christianisme à venir, Albin Michel, 2013.

Petites conversations avec ma nièce sur la question de Dieu, Plon, 2011.

Lettres à un jeune prêtre, Plon, 2010.

Dans la peau d'un évêque, Plon, 2009.

La Confession de Castel Gandolfo, Plon, 2008.

38 ans, célibataire et curé de campagne, Plon 2006.

Vatican 2035, Plon, 2005.

Composition : Nord Compo
Impression : CPI Bussière en décembre 2018
Éditions Albin Michel
22, rue Huyghens, 75014 Paris
www.albin-michel.fr

ISBN : 978-2-226-44133-1
N° d'édition : 23429/01 – N° d'impression : 2039168
Dépôt légal : janvier 2019
Imprimé en France